TRAICTE SOMMAIRE
DE L'ORIGINE ET PROGREZ DES
Offices, tant de Tresoriers de France, que de Generaux des
Finances : de l'vnion & multiplication d'iceux, de la diminution & translation de leurs anciennes fonctions & authoritez,
& du rang & condition qui leur reste auiourd'huy.

REDVICT EN SIX CHAPITRES.

I.
Des offices de Tresoriers de France.

II.
Des offices de Generaux des Finances.

III.
De l'vnion desdits offices, & de la multiplication d'iceux depuis l'an
1551. qu'ils n'estoient que quatre d'vn, & quatre d'autre, au
nombre de deux cens qu'ils sont auiourd'huy.

IIII.
De la suppression ou retranchement des principales fonctions qu'a-
uoient anciennement lesdits Tresoriers de France & Generaux
des Finances, & de la transmission d'icelles à d'autres qui en ont
accreu l'authorité de leurs offices.

V.
Du rang & de la preseance qu'ont perdu lesdits Generaux des Finances : estans deuenus Prouinciaux au lieu de Generaux, & inferieurs au lieu de superieurs qu'ils estoient.

VI.
Que comme ils sont inferieurs & subalternes à la Cour de Parlement,
qui cognoist de leurs appellations en ce qui est du Tresor & Domaine : ils sont pareillement inferieurs & subalternes à la Cour des
Aydes, qui cognoist seule aussi de toutes leurs appellations en ce qui
est des Aydes, Tailles, Gabelles & Finances.

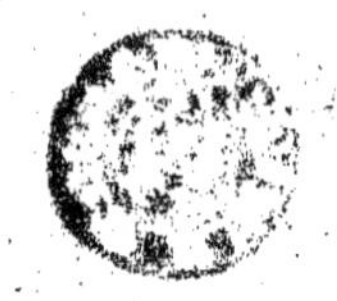

CHAPITRE PREMIER,

Des Treforiers de France.

A plus belle remarque, & le plus grand aduantage qu'ayent eu les Treforiers de France, eſt l'antiquité de leurs offices, & de ce qu'ils ont eſté par vn long temps, & fucceſſiuement feuls & vniques en l'exercice d'iceux : Ce qui leur a donné rang & authorité, pour ce que les grands du Royaume eſtoyent inuitez par ceſte conſideration de fe contenter quelquesfois defdits offices ; & par la grandeur de leurs maiſons ils les ont d'autant plus releuez. Mais depuis que le Trefor de nos Roys, c'eſt à dire leur Domaine, dont ils ont le nom & le maniement feulement, a commencé de fe diminuer ; & que les Aydes & autres femblables deniers extraordinaires fe font eſtablis & accreuz, ces offices fe font auilis, & d'autant plus encores qu'ils ont eſté multipliez.

Ce n'eſt pas à dire pourtant, que fouz pretexte qu'ils ont eſté appellez depuis les derniers temps feulement, Treforiers de France, ils foyent ny ayent eſté iamais officiers de la Couronne ; car ils ont eſté par vn long temps nommez Treforiers du Temple, auparauant Treforiers du Palais, & depuis Treforiers du Louure, & ainfi diuerfement felon les lieux efquels les Roys mettoient en garde & plus grande feureté leur Trefor & deniers de leur Domaine ; & la plufpart du temps n'eſtoient appellez par les vieilles Ordonnances & leurs commiſſions mefmes, que Gardes du Trefor du Roy. Comme il fe trouue qu'en l'an 1300. fouz le Roy Philippes le Bel (grand fondateur ou reſtaurateur des Loix & Reglemens de l'Eſtat) Sire Guillaume de Hangeſt eſtoit feul eſtably pour la garde & adminiſtration du Trefor du Roy, qui fut fouz luy remis au Temple, pendant la nouuelle conſtruction du Palais, que faifoit rebaſtir Enguerrand de Marigny : Et fon fucceſſeur Maiſtre Iean Gaullard, eſt feulement nommé Garde du Trefor par vne Ordonnance faite fur les reglemens du Trefor en l'an 1331. qui fe void en la Chambre des Comptes au regiſtre cotté, *Pater.* Les grands Maiſtres des Eauës & Foreſts de France ; Les Generaux des Monnoyes de France ; & plufieurs autres qui fe trouuent

1300.

1331.

ainſi qualifiez & nommez ; ne ſont pourtant Officiers de la Couronne. Et quand bien iceux Treſoriers l'auroient eſté (que non) ils en auroient perdu le nom, le titre & l'effect, eſtant deuenus auiourd'huy des moindres Magiſtrats, quaſi du tout eſteints & ſupprimez, comme il ſera monſtré cy-apres.

Leur Iuriſdiction n'a iamais eſté grande ny ſouueraine abſolument, ſinon és premiers temps, comme celle de quaſi tous les Officiers de la France : Leſquels auant que le Parlement fuſt ſedentaire à Paris, autant les ſuperieurs, comme Conneſtable, Chancelier, Admiral, grand Maiſtre, grand Chambellan & autres : que les inferieurs auſſi, comme Baillifs, Seneſchaux, & pluſieurs autres exerçoient la Iuſtice en dernier reſſort, pour ce qui dependoit de leurs charges par eux en perſonne, ou par ceux qu'ils y commettoient en leur abſence, maladie ou grandes occupations, ſans eſtre aucunement ſubjets à l'appel au Parlement du Roy, qui ne ſe tenoit qu'à ſa ſuitte, & en tels temps & lieux qu'il luy plaiſoit ordonner par ſes Commiſſions & Patentes, ſinon en deux cas ſeulement, ou de dény de Iuſtice, ou comme d'abus.

Mais depuis que le Parlement fut fait ſedentaire à Paris par l'Ordonnance de l'an 1302. appellée la Philippine ſouz Philippes le Bel, il ſe rendit incontinent & peu à peu ſeul ſouuerain par appel, & generalement de toutes ſortes de Iuſtices, & auſſi toſt s'attribua toutes ces Iuſtices particulieres, comme inferieures, ſujettes à l'appel & à ſon reſſort : Ce qui a fait par ſucceſſion de temps que tous ces grands & anciens Officiers ont laiſſé l'exercice de leur Iuſtice à leurs Commis & Lieutenans, leſquels depuis ont eſté creez en titres d'offices, comme il ſe void par l'eſtabliſſement des Iuges de la Conneſtablie & Mareſchauſſée de France, de l'Admirauté, & des Eauës & Foreſts, ſouz les Conneſtables, Mareſchaux de France, Admiraux, & Grands Maiſtres des Eauës & Foreſts : ainſi des Conſeillers du Treſor ſouz leſdits Treſoriers de France, leſquels ſont à preſent reduits & priuez de toute Iuriſdiction contentieuſe, comme les Baillifs & Seneſchaux en leurs perſonnes, bien qu'elle leur appartint & l'exerçaſſent eux-meſmes anciennement quand ils vouloient ; meſmes que par ladite Philippine de l'an 1302. ils y eſtoyent obligez expreſſement.

Se void auſſi que leſdits Treſoriers de France n'ont plus auiourd'huy marque quelconque de Iuges ſouuerains, en ce que toute leur Iuriſdiction eſt notoirement ſujette à l'appel en tous cas : Et en ce qu'ils n'auoient & n'ont encores ſeance aux Parlemens qu'aux bancs inferieurs auec les Baillifs, Seneſchaux, & autres Iuges inferieurs & ſubalternes : & que quand ils ont eſté receuz en leurs offices, qui eſt, & a touſiours eſté en la Chambre des Comptes ſeulement, vn des Maiſtres de ladite Chambre les alloit inſtaler en leur Iuſtice du Treſor auec les Conſeillers

d'icelle,

d'icelle, qui font notoirement Iuges fujets à l'appel, inferieurs & fubal-
ternes, ainfi qu'il fe pratique encores auiourd'huy en leurs receptions. Et
ne font eftablis ny inftalez en autre lieu quelconque.

Les Autheurs modernes qui ont efcrit d'eux, fe font fouuent equiuo-
quez, quand ils leur ont attribué plus de rang, de puiffance & d'authorité que ce qui eft dit cy-deffus, prenant & confondant de quatre fortes
diuerfes d'Offices les vns pour les autres; fçauoir eft les Generaux de la
Iuftice des Aydes; les Generaux des Finances: Ces Treforiers de France, defquels eft parlé en ce Chapitre: & ceux qui ont efté appellés les
grands Goùuerneurs & fouuerains Adminiftrateurs de toutes les Finances de France. Tous lefquels Offices, bien que grandement differens les
vns des autres, ainfi qu'ils feront diftinguez cy-apres, neanmoins ont
efté meflez & confondus le plus fouuent enfemble, en fi grand defordre
qu'il faut eftre bien curieux & auoir grand loifir pour les reconnoiftre &
feparer les vns d'auec les autres, principalement depuis la prifon du Roy
Iean, pendant les guerres & grandes leueés faites fous le Roy Charles V.
Puis encores plus, fous le bas aage du Roy Charles VI, & fa longue 1 4 0 0,
maladie: & fur tout aux grands troubles & guerres ciuiles des Bourguignons & Anglois, qui ont fi long temps duré, qu'en l'an 1436. à la ré-
duction de Paris, on n'y connoiffoit quafi plus rien: Et tous ces Offices
principalement de Finances auoient efté tellement multipliez & em-
broüillez, puis reduits, meflez & changez, de fonctions, de puiffances
& d'authoritez, qu'vne mefme perfonne fe trouue quelquesfois pourueu
des quatre qualitez enfemble: Autres y eftre paruenus par degrez de l'vn
à l'autre, & fi promptement affez fouuent, & en fi grand nombre de diuerfes perfonnes, qu'il faudroit vn iufte volume pour les reconnoiftre &
bien démefler.

Quoy que ce foit, auffi toft que ces grands troubles & defordres commencerent à ceffer par la reduction de Paris fur les Anglois en l'an 1436. 1 4 3 6.
le Comte de Richemont Conneftable de France, enuoyé pour remettre
& regler la ville de Paris, apres y auoir reftably les Cours de Parlement
& des Aydes qui eftoyent à Poitiers, & les Chambres des Comptes &
des Monnoyes qui eftoyent à Bourges: reftablit pareillement lefdits offices de Treforiers de France (comme auffi ceux des Generaux des Finances) au nombre chacun de deux feulement: les vns fous le Parlement &
la Chambre des Comptes, pour ce qu'ils ne manioyent que le Domaine:
les autres fous la Cour des Aydes, pour ce qui eftoit des Finances proue-
nans des Aydes & autres deniers extraordinaires, comme ils eftoyent auparauant lefdits troubles.

Les guerres continuant pour chaffer & exterminer entierement lefdits Anglois de la France, & ne finiffant fi à coup, furent caufe d'adioufter vn troifiéme Treforier, puis vn quatriéme, comme il en fut autant

fait, & au mesme temps quasi, d'vn tiers & d'vn quart General des Finances. Et ont esté conseruez les vns comme les autres en ce nombre
égal de quatre iusques en l'an 1551. que lesdits offices de Tresoriers de
France, & de Generaux des Finances furent vnis & joincts en vn, pour
l'exercice : mais leur nombre de quatre d'vn, & quatre d'autre, qui faisoyent huict, fut augmenté iusques au nombre de dixsept, qui fut le
grand coup de la diminution & quasi suppression entiere du plus grand
honneur & pouuoir qu'ils auoyent eu iusques-là : pour de Maistres & de
Generaux qu'ils estoyent en corps pour toutes les Finances, & par toute
la France, deuenir quasi comme Clercs & Prouinciaux, auec vn pouuoir special & restraint au destroit seulement chacun de sa Prouince,
leur estant laissé abusiuement & par consolation le nom de General, mais
non plus de France, ny par toute la France, ains de General en sa Prouince seulement ; & vaudroit mieux les appeller Prouinciaux, à parler
proprement & veritablement : car il se void que plusieurs pareils offices
de Tresoriers & Controlleurs qui s'appellent aussi par abus comme eux
Generaux auiourd'huy, sçauoir est des Gabelles, du Taillon, de l'Artil-
lerie, de l'extraordinaire des guerres, mesmes les Controlleurs des Finances sont appellez seulement Prouinciaux par les Edits de leur creation, à cause qu'ils sont veritablement & par effect reduits comme les autres susdits Tresoriers des Finances par Prouinces seulement, qui n'ont
pas plus grande estenduë ny ressort les vns que les autres. Ceste suppression & grand auilissement merite vn Chapitre à part, qui sera le IV. pour
le mieux esclaircir & le faire plus aisément comprendre : car c'est en cela
que gist l'abus qu'on veut cacher ou ignorer auiourd'huy, de les estimer
autant, & de leur donner pareil rang qu'au temps passé.

CHAPITRE DEVXIESME
Des offices de Generaux des Finances.

ES offices de Generaux des Aydes ou des Finances, au-iourd'huy grandement diſtincts & ſeparez [bien que par vn long temps, & en leur premiere origine, ils n'ayent eſté eſtablis & exercez que conjointement & par meſmes per-ſonnes] ne ſont pas de creation ſi ancienne que les Treſo-riers ou gardes du Treſor du Roy, du depuis appellez Treſoriers de Fran-ce : du moins pour auoir eſté officiers ordinaires & continuels comme eux. Car comme anciennement les Romains quand ils auoyent de gran-des guerres, creoyent vn Dictateur qui eſtoit ſouuerain par deſſus tous autres officiers, pour vn temps ſeulement, & tant que la neceſſité duroit: Auſſi les François quand ils auoyent de grandes guerres ou autres neceſ-ſitez publiques, faiſoyent leuer ſur eux des Aydes, emprunts ou autres impoſitions par années, ou iuſques à certaines ſommes, & ce par aſſem-blée des Eſtats quand ils en auoyent loiſir & commodité, ou [quand ils eſtoyent ſurpris & preſſez] des emprunts qui eſtoyent ordonnez de la part du Roy & de ſon grand Conſeil, & qui eſtoyent auſſi frequens ou plus que leſdites Aydes, auſquels emprunts tous ſujets du Roy eſtoyent contraints & condamnez comme pour les Aydes, ainſi qu'il ſe peut iuſti-fier par pluſieurs Edits & Ordonnances qui ne ſont icy rapportez pour éuiter à prolixité. Et pour ordonner deſdits aydes ou emprunts, & de tous autres deniers du Roy, & du reuenu du Royaume, eſtoyent creez non des Dictateurs, mais des Generaux des Finances, communement appellez Souuerains gouuerneurs de toutes les Finances de France par leurs commiſſions, & par les ordonnances, pource qu'ils diſpoſoyent en effect, & ordonnoient abſolument de toutes leſdites Finances, iu-geoient ſouuerainement tous differents qui ſuruenoient & en depen-doient par deſſus les Treſoriers, Receueurs, & toutes ſortes d'autres offi-ciers qui manioient & ſe meſloient deſdites Finances.

Tel fut ce grand Enguerrand de Marigny ſous Philippes le Bel, l'an 1300. pour ne tirer la ſource & l'origine de ces officiers, de plus loing que celle de Treſoriers de France au chapitre precedent, comme la ve-rité eſt, que ſous ledit Philippes le Bel, les Ordonnances du Royaume, les Compagnies ſouueraihes, & Officiers de la France, ont pris quaſi leur origine ou principal eſtabliſſement, pour durer & auoir eſté continuez

1300.

B ij

iufques auiourd'huy. Tel fut auſſi ſucceſſeur audit Enguerrand ſous
Charles le Bel, Pierre Remy, Cheualier ſieur de Montigny, auquel le
procez fut fait par Commiſſaires deputez en l'aſſemblée des trois Eſtats,
tenus apres le decez dudit Charles le Bel, le Royaume eſtant en Regen-
ce, la Couronne vacante, iuſques à l'accouchement de la Royne ſa veſ-
ue qu'il auoit laiſſée groſſe : & du depuis tels furent encores Iean de Mon-
taigu grand Maiſtre de France, Pierre des Eſſarts Preuoſt de Paris, &
pluſieurs autres ſous les Roys ſuiuants. Et neanmoins pour le grand abus
qu'ils y commettoient trop facilement eſtans ſeuls, ceſte charge fut com-
miſe à pluſieurs pour l'exercer en corps & tous enſemble, ſous Philippes
1328. de Valois premierement, dont l'ordonnance toutesfois ne s'eſt encores
trouuée pour la rapporter fidellement en ce lieu, ſinon qu'il en eſt fait
mention par pluſieurs Hiſtoriens, meſmes par Nicole Gilles & du Hail-
lan, qui diſent y auoir eſté commis quatre Prelats & quatre Cheualiers,
entre leſquels ſe trouuent dénommez les Abbez de Mairemouſtier, & de
Corbie : & d'où vient peut-eſtre que la Cour des Aydes a eſté par vn long
temps compoſée de huict ſeulement ; mais depuis ſous le Roy Iean en
1355. l'aſſemblée des Eſtats tenus en l'an 1355. fut fait & ordonné vn plus particulier eſtabliſſement deſdits Generaux en corps de Cour ſeant à Paris,
dont l'ordonnance ſera rapportée cy-apres, lequel corps de Cour ſouueraine, a inceſſamment eſté continué & augmenté, comme il ſe voit auiourd'huy : Et furent appellez Generaux des Aydes du commencement,
& depuis diuiſez en Generaux des Finances, pour l'adminiſtration d'i-
celles, & Generaux de la iuſtice, ſans aucune diſcontinuation iuſques à
preſent : Laquelle origine ſe peut ayſément verifier par pluſieurs ordonnances qui ſont des années 1315. 1320. 1333. 1337. 1348. 1352. 1354.
1355. 1356. 1360. 1363. 1364. 1369. & 1373. qui ne ſont icy rappor-
tées pour briefueté, auſſi qu'elles ſont amplement deduites & cottées en
vn autre traitté fait à part ſur l'eſtabliſſement de la Cour des Aydes:
Ioint qu'il s'en trouue pluſieurs autres plus recentes par leſquelles ſe voit
aſſez que leſdits Generaux des Aydes, eſtoyent ſeuls ſouuerains au nombre plus communément de huict en vn meſme corps ſous vn Preſident,
tant pour l'adminiſtration deſdites Aydes & Finances procedans d'icelles, que pour la iuſtice de tout ce qui en dependoit enſemblement, &
ſans diſtinction.

Le premier qui ayt ſeparé leſdits offices de Generaux des Aydes ou des
Finances procedans d'icelles pour ce qui eſtoit de l'adminiſtration,
d'auec les Generaux deſdites Aydes, pour ce qui eſtoit de la iuſtice ſeulé-
ment, a eſté le Roy Charles V. par vne ordonnance qu'il fiſt ſur le fait
1373. des Aydes de la guerre, donnée à Paris le 6. Decembre 1373. & de ſon
regne le 10. ſignée Yuo, par laquelle il inſtitua trois Generaux des Aydes à part pour l'adminiſtration des Finances qui en procedoient, nommez

mez Iean le Mercier, Iean de Ruel, & Gilles Gallois, aufquels il donna
tout pouuoir general & vniuerfel, d'ordonner & difpofer des Finances
procedans de tous les Aydes de France. Ce qui a efté continué de temps
en temps par ceux qui leur ont fuccedé en ladite qualité de Generaux des
Finances, iufques en l'an 1551. qu'ils furent fupprimez en leurdit pou-   1551.
uoir vniuerfel, qui fut transferé aux Intendans des Finances, & eux con-
uertis en prouinciaux inferieurs, & comme fous la puiffance & direction
defdits Intendans, ainfi qu'il fera monftré aux chapitres fuiuans.

  Et pour monftrer encores plus expreffément leur pouuoir diftinct &
feparé d'auec les autres Generaux de la iuftice des Aydes, qui tenoient
leurs corps & Cour fouueraine fedentaire au Palais à Paris, comme le
Parlement, fe void vne patente en forme de commiffion du Roy Charles
VI. donnée à Paris le 28. Aouft 1395. & de fon regne le 15. fignée par   1395.
le Roy en prefence de plufieurs Princes & autres y dénommez, P. de
Monhac, qui eft fort ample & inftructiue de l'hiftoire du temps, qui
commence en cefte forme. Comme nous ayons nagueres defchargé nos
amez & feaux Confeillers Iean le Flament, & Iacques Hemon, du fait &
gouuernement qu'ils auoient, auec noftre amé & feal Confeiller, l'Archeuefque de Bezançon, de toutes les Finances des Aydes de nos guerres,
& pource, fait befoin & neceffité d'y ordonner & commettre auec luy:
Sçauoir faifons, que nous confians à plain des grands fens, loyauté &
bonne diligence de nos amez & feaux Confeillers Pierre des Effars Maiftre de noftre Hoftel, & Iean Chanteprime Treforier de nos guerres:
Iceux enfemble auec noftredit Confeiller l'Archeuefque de Bezançon,
auons ordonné & commis, & par ces prefentes ordonnons & commettons nos Generaux Confeillers fur le fait defdits Aydes, & generalement
de toutes les Finances qui en * ifteront, tant des debtes & arrerages des   * C'eſt vn
années paffées, que des exploits & amendes qui y font efcheus. Et plus   *vieil mot*
bas, Sans que les gens de nos Comptes & Treforiers, nos Generaux Con-   *François qui*
feillers fur le fait de la iuftice defdits Aydes, ny autres quelconques,   *fignifie pro-*
pour quelque authorité ou commiffion qu'ils ayent, fe puiffent entremet-   *cederont, de*
tre de faire leuer, ou payer, ou diftribuer, &c. Leur eft donné pouuoir   *iſſir.*
d'aller par les Prouinces, & y ordonner, regler, deftituer fi befoin eft,
tous officiers des Aydes: & fouuent eft repetée la mefme claufe, fans que
nofdits Confeillers & Generaux de la iuftice defdits Aydes les y puiffent
troubler ny empefcher. Et neanmoins fur la fin de ladite commiffion eft
dit, Voulons auffi & ordonnons que nofdits Confeillers, femblablement
comme ont nofdits Generaux fur le fait de la iuftice, ayent la punition
& correction de tous lefdits Efleuz, Receueurs, Grenetiers, Controlleurs,
Sergens, & autres quelconques, des cas touchant le fait defdits Aydes,
& des circonftances & dependances d'iceux, fans qu'aucuns Iuges,
foyent les gens de noftre Parlement, des Requeftes de noftre Palais à

Paris, Reformateurs, ny autres quelconques, si ce ne sont nos autres
Generaux Conseillers sur le fait de la iustice desdits Aydes, s'en entre-
mettent, ny entreprennent aucune connoissance.

Autre pareille patente ou commission dudit Roy Charles VI. donnée à Paris le 5. Septembre 1397. Par laquelle au lieu dudit Pierre des
Essarts Maistre de son Hostel, il donne le mesme pouuoir à Raoul d'An-
guetonuille Escuyer, pour faire auec ledit Archeuesque de Bezançon, &
Iean Chanteprime, comme ils faisoyent auec ledit des Essarts: & n'y a
que les noms desdits Conseillers Generaux changez, estans lesdites deux
commissions du tout conformes.

Autre patente aussi pareille, & du tout conforme aux deux precedentes du 6. Aoust 1399. sinon qu'au lieu de trois Generaux seulement en
chacune desdites precedentes, y en est adiousté vn 4. Guillaume d'Orge-
mont Escuyer, Tresorier des guerres.

Mais par ordonnance solemnelle faite le 7. Ianuier 1400. sur la reformation des iustices de France, & retranchement des officiers d'icelles,
est dit que pour tout le gouuernement des Finances prouenant des Aydes
du Royaume, n'y auroit que trois Generaux seulement : & pour le fait de
la iustice desdits Aydes, auec les quatre Generaux qui estoyent à Paris,
n'y auroit que les trois Conseillers sur ce ordonnez, & l'Archeuesque de
Bezançon pour President, & en son absence l'Euesque de saint Flour
presideroit.

Neanmoins le desordre fut si grand au fait desdites Finances, par les
diuisions qui commençoient deslors à regner entre les Ducs de Bourgongne & d'Orleans, que par lettres patentes du 8. Octobre 1401. le sire
Charles d'Albret nommé par icelles Cousin germain du Roy, fut commis pour presider aux trois Generaux des Finances, sur le gouuernement
d'icelles, & par autres patentes du 18. Auril 1402. le Duc d'Orleans frere du Roy, est aussi commis pour presider, & appeller auec luy telles personnes qu'il voudroit, & par autres du 19. Mars 1403. sont lesdits Generaux des Finances changez & deschargez, & reduits à 4. sous l'Archeuesque de Bezançon, nommé & qualifié premier President en la Chambre de la Iustice des Aydes, & leur pouuoir est amplement deduit restraint & declaré, tant de ce qu'ils pouuoient seuls & à part, que conjointement auec les autres Generaux de la iustice des Aydes.

Et combien que peu apres par ordonnance faite en l'assemblée des
Estats tenus à Paris, l'an 1413. rapportée par Enguerrant de Monstrelet
au 99. chapitre de son Histoire, le maniement de toutes les Finances de
France ait esté reduit à deux personnes seulement, l'vn Tresorier pour le
Domaine, renuoyé à la iustice du Tresor : l'autre General pour les Finances des Aydes, renuoyé à la Chambre des Generaux Conseillers sur le
fait de la iustice desdits Aydes, si est-ce que par autre ordonnance du 26.

Feurier audit an 1413. verifiée & regiftrée en ladite Cour des Aydes le
lendemain 27. dudit Feurier. Ladite Cour des Aydes [qu'il appelle
Chambre de la iuftice des Aydes] eft reduite & maintenuë, comme elle
auoit efté auparauant à 4. Generaux, & vn Prefident, attendu qu'en ladite Chambre [dit ladite ordonnance] nous y auons trois Confeillers
pour vifiter & rapporter les procez. Ce qui fe rapporte au nombre des
huiât premierement eftablis par le Roy Philippes de Vallois : comme il fe
pourra voir plus amplement au traitté promis du premier eftabliffement
& progrez de la Cour des Aydes.

Il a efté dit au precedent chapitre, comme pendant les grandes & longues guerres des Anglois & Bourguignons contre les François, les vns
& les autres de ces offices, côme tous autres ont efté en grand defordre &
confufion, & qu'il faudroit vn iufte volume pour les éclaircir & démefler : Mais laiffant à part ces tiltres & qualitez de Gouuerneurs generaux
& fouuerains de toutes les Finances de France, qui eftoient quelquesfois
occupez par ceux qui auoient en particulier, ou la qualité feule de Treforiers de France, ou celle de Generaux de la iuftice, ou celle de Generaux des Aydes & Finances procedans d'icelles, qui en çe faifant les con-
fondoient : Comme auffi faifoyent les Princes du fang, & autres grands
feigneurs qui les entreprenoient & exerçoient tous enfemble : Ce qui a
fait fouuent errer & mefprendre ceux qui en ont efcrit, faute de diftin-
guer les temps de guerre, de defordres & confufions, & d'obferuer les
officiers quand ils ont efté reglez & reduits : fuffira de dire pour conti-
nuer ce chapitre, que comme à la reduâtion de Paris fur les Anglois qui
en furent chaffez en l'an 1436. la France commençant à fe reconnoiftre   1436.
& reftablir par le traitté de paix fait auec le Duc de Bourgongne l'an precedent 1435. Ce grand Conneftable le Comte de Richemont Lieutenant du Roy Charles VII. ayant reduit les offices de Treforiers de France en deux, en fit de mefme de ces offices de Generaux des Finances qu'il
reduifit parcillement à deux, auec la pareille authorité qu'ils auoient euë
fous le Roy Charles V. qui les auoit eftablis premierement, & diftraits
pour ce qui eftoit de l'ordination & direâtion des Finances à part, d'auec
les Generaux fur le fait de la iuftice des Aydes.

En cefte authorité, rang & condition fe font maintenus lefdits Generaux des Finançes, fans aucune augmentation de nombre, que d'vn tiers,
puis d'vn quart, iufques en l'an 1551. que par Ediât exprés ils furent vnis   1551.
& incorporez auec lefdits Treforiers de France : mais multipliez en grand
nombre, & diminuez de leurs plus grandes authoritez & puiffances,
comme il fera deduit aux autres chapitres fuiuans.

Ne fe doit obmettre, que combien que lefdits Generaux des Finances
portent ce nom de Finances, qui femble eftre plus general & releué que
çeluy des Generaux des Aydes, qui n'eft que fur le fait de la iuftice defdits

Aydes : neantmoins ces deux noms de Finances & d'Aydes sont du tout égaux, & ne s'estendent plus auant ny plus generalement l'vn que l'autre. Ce mot d'Ayde comprenant toutes sortes de deniers qui se leuent pour le Roy, soit de traites foraines, Gabelles, Tailles, Equiualens, Imposts, Subsides & tous autres, excepté le Domaine du Roy seulement, & ce qui en depend, dont connoissent & ont cogneu de tout temps les Tresoriers de France & officiers du Tresor : comme de fait, par les anciennes ordonnances, ce qu'on appelle auiourd'huy les Gabelles, estoit appellé l'Ayde du sel, dont les Esleus connoissoient auant l'establissement & Iurisdiction particuliere des Grenetiers : & par plusieurs autres ordonnances, dont aucunes sont cottées cy dessus, est dit souuent les Generaux des Finances qui istront & procederont des Aydes.

La raison est, que le Domaine & ancien reuenu du Roy, ayant esté premierement establi & gouuerné par les Tresoriers & gardes du Tresor à part, les Aydes s'estans establis du depuis, pour les necessitez extraordinaires des guerres, & pour supplément dudit Domaine qui s'estoit diminué & alièné, les officiers quand & quand establis pour le maniement & Iurisdiction d'iceux Aydes, ont esté appellez premierement Generaux des Aydes. Et comme du depuis lesdits Aydes se sont grandement accreus & multipliez, & que les deniers extraordinaires desdits Aydes, ont surpassé de beaucoup les deniers ordinaires de l'ancien Tresor appellé Domaine : Iceux Generaux ont esté diuisez, les vns pour le maniement & direction d'iceux Aydes, appellez les Generaux des Finances, comme par excellence : tant pource que les deniers extraordinaires procedans desdits Aydes, surpassoient grandement les autres du Domaine appellez ordinaires, & comprenoient quasi tout au moins le principal reuenu de la France : que pource que ledit Domaine estant ancien, ayant son nom & ses officiers à part, n'y estoit & n'y pouuoit estre compris. Comme en effect lesdits Generaux des Finances n'ont iamais cogneu du Domaine, ains lesdits Tresoriers de France seulement : & encores auiourd'huy, bien que lesdits offices de Tresoriers de France & Generaux des Finances soyent vnis, l'exercice s'en fait par eux mesmes separément, sçauoir est, pource qui est du Domaine & fermes d'iceluy auec les Baillifs, Senéchaux & officiers du Tresor, & pour ce qui est de Aydes, Tailles & Gabelles, & ce qui en depend auec les Esleus & Grenetiers ou Visiteurs & Controlleurs generaux des Gabelles ou leurs Lieutenans, tous officiers subalternes. Et ne font plus rien du tout lesdits Tresoriers & Generaux des Finances auiourd'huy vnis ensemble, ny auec la Chambre des Comptes, ny auec la Cour des Aydes, moins auec le Parlement : Ains sont sujets à l'appel de tout ce qu'ils font, ordonnent ou entreprennent : Et les comptables mesmes ne passent par deuant eux que par vn simple, estat, par dessus lequel ladite Chambre ordonne & retranche ce qu'il luy

plaist,

plaiſt, comme de ſes inferieurs , les autres Generaux pour la iuſtice ont gardé le nom ſeul des Aydes , comme eſtans les premiers & plus anciens qui ont retenu le nom & la marque de leur antiquité : tellement que ces mots d'Aydes & Finances ſont égaux , ſinon que comme leſdits Generaux des Finances ſont dériuez & procedez deſdits Generaux des Aydes, ont eſté auſſi poſterieurement appellez Generaux des Finances : non de toutes abſolument , car ils ne cogneurent iamais du Treſor , comme a eſté dit , mais des Finances ſeulement qui iſſent & procedent des Aydes: Bien eſt vray qu'auiourd'huy que ces deux offices de Treſoriers de France , & de Generaux des Finances ſont vnis , ils connoiſſent de toutes les Finances de France , tant de la couronne , nommé le Treſor ou Domaine qui conſiſte en deniers appellez ordinaires , que des Aydes qui comprennent les Tailles , Gabelles , Impoſts , ſubſides & toutes autres ſortes de deniers appellez extraordinaires , à cauſe de l'vnion deſdits deux offices fort differens en vn.

D

CHAPITRE TROISIESME,

De l'vnion defdits offices de Treforiers de France, & de Generaux
des Finances; & de la multiplication d'iceux, depuis l'an 1551.
qu'ils n'eftoient que quatre d'vn, & quatre d'autre, iufques au
nombre de deux cens qu'ils font auiourd'huy.

ES grandes guerres qui ont longuement duré fous les
Roys François I. & Henry II. leur ont ouuert les yeux &
quafi neceffitez d'accroiftre & augmenter les Aydes, Tailles, Gabelles, & autres tels deniers extraordinaires : Et
d'autant plus que leur Domaine s'alienoit & diminuoit
pendant icelles guerres : Tellement que les Generaux des Finances qui
s'eftoyent maintenus & conferuez au nombre de quatre depuis l'Ordonnance de Nancy du 10. Ianuier 1444. qui les auoit reduits & reglez à ce

1444. nombre, auoient de grandes occupations, puiffances & authoritez, ma-
nians feuls vn fi grand reuenu, le plus beau & quafi le total de toute la
France : Ce qui les fit grandement enuier, & entreprendre fur eux fous
pretexte de les foulager.

Premierement, les Treforiers de l'Efpargne nouuellement introduits
1523. en l'an 1523. prindrent vn grand afcendant fur eux : Puis les Treforiers de
l'ordinaire & extraordinaire des guerres, & vne infinité d'autres femblables Treforiers departis par toutes les principales charges : En fin ceux
qui gardoient les Finances fe voulans efleuer par deffus eux, & voyans
que lefdits Generaux des Finances faifans vn corps vniuerfel par toute la
France, eftoyent appuyez & fupportez par vn autre grand corps de la
Cour des Aydes : s'aduiferent pour deftruire ce corps, de le reduire en
parcelles, & commencerent par la diffipation de la recepte Generale des
Finances de France, qui s'eftoit exercée par vn feul : Et par l'Edit de

1542 Coignac de l'an 1542. firent ordonner, que pour foulager la charge des
Finances, feroyent eftablies feize receptes generales en feize Prouinces
du Royaume, en chacune defquelles eft creé vn Receueur general de
nom, mais Prouincial en effect : Et en chacune defquelles Prouinces en
outre eft pareillement eftably & pourueu par le Roy vn Commis defdits
Generaux des Finances, qui fera pour eux (dit ladite Ordonnance) tout
ce qui dependra de leurs charges pres des Gouuerneurs defdites Prouin-

ces, ou leurs Lieutenans.

Ce preface est bien-tost suiuy de son effect ; car par autre Edict donné à Blois au mois de Ianuier 1551. lesdits Commis establis par les Prouin- **1551.** ces sont erigez en offices égaux à leurs maistres, auec creation de pareils titres de Generaux des Finances en apparence, mais en effect de Prouin- ciaux seulement : ou pour les flatter & ne changer de nom on continuë de les appeller Generaux, non plus toutesfois de France, mais de leurs Prouinces, appellées Generalitez, esquelles ils ont leur pouuoir restreint & reduict sans plus oser se mesler de rien hors leurdite Prouince ou Ge- neralité Prouinciale, ny communiquer auec les autres pour faire corps, ny plus rien statuer ou entreprendre de ce qui est du General de la Fran- ce : Ce que lesdits Tresoriers de l'Espargne, Controlleur general, & In- tendans ou Superintendans des Finances, en ce faisant se font du depuis attribuez, dissipans par ce moyen, la force & l'authorité principale du corps desdits Tresoriers & Generaux ; qui iusques-là auoient esté vniuer- sels par toute la France.

Il est vray que pour dorer ceste pillule & leur donner quelque goust, par le mesme Edict ces deux offices furent vnis en vn, & la qualité leur en fut laissée toute entiere de Tresoriers de France, & de Generaux des Fi- nances, mais auec vne honteuse restrinction, comme il se verra au cha- pitre suiuant : Car pour monstrer que ce n'estoit qu'vn leurre, par autre Edict du mois d'Aoust 1557. six ans seulement apres, on separe & diuise **1557.** ces offices comme ils estoyent auparauant, & font multipliez par crea- tion nouuelle de 17. Tresoriers de France à part, & autant de Generaux des Finances aussi à part, pour seruir en chacune Prouince separément, qu'ils appellent Generalitez, pour les entretenir en leurs p.emiers noms, mais en idée seulement.

Et qui pis est, les Tresoriers de l'Espargne, Controlleurs Generaux & Intendans ou Superintendans des Finances, se voyans en fin establis vni- uersels pour toute la France, par l'affoiblissement de ces Generaux des Finances ainsi escartez, comme particuliers par les Prouinces, & ne se contentans encores de cela, font tant que par l'Edict de Moulins du mois de Feurier 1566. ils sont supprimés & reduits au nombre de sept, & en- **1566.** cores est ordonné par le mesme Edict que ces sept retenus venans à mou- rir seroyent supprimez du tout, & qu'en leur place n'y seroit pourueu que par commission ou autrement, comme il plairoit au Roy : & pour auoir plustost fait, est adiousté qu'ils ne pourroient resigner.

Neanmoins les guerres ciuiles de ce temps-là, ayant apporté de gran- des necessitez publiques, non seulement on restablit par vn nouuel Edict du mois de Nouembre 1570. ces 17. Generaux des Finances qui auoient **1570.** esté supprimez, mais on les redouble par nouuelle creation de 17. autres, comme alternatifs ; l'vn pour resider en la principale ville de la Prouince, l’autre pour faire ſes cheuauchées par les reſſorts d’icelle, & ce alternatiuement l’vn apres l’autre; ce qui n’eſtoit qu’vn pretexte pour en tirer dauantage d’argent: Et qui pis eſt, ſe trouuans encores bien heureux d’eſtre reſtablis, on leur rongne les ongles de ſi prés, qu’on les rend en effect comme Commis des Intendans des Finances; leſquels tout éuidemment par cet Edict ſont mis en leurs places, & reconnus pour ce qu’eſtoient les anciens Generaux : & ſont leſdits Generaux par ce meſme Edict obligez de leur rendre compte auſdits Intendans de tout ce qui ſe paſſe en leurs Prouinces : leur en enuoyer bons procez verbaux, comme leurs ſimples Commis en icelles.

Les Intendans & autres ſuperieurs Officiers des Finances eſtans doncques paruenus à ce point, ſont entierement eſtablis dans le Conſeil du Roy, au lieu deſdits anciens Generaux des Finances : Le Roy auſſi ayant du tout eſteint & ſupprimé leur ancien pouuoir & principales fonctions pour les attribuer auſdits Intendants, trouue à propos pour les diuertir à autres occupations, de les remeſler de nouueau auec les Treſoriers de France, comme ils auoient eſté par le ſuſdit Edict de l’an 1551. en les multipliant & augmentant leur nombre iuſques à cinq en chacune Prouince qu’ils appellent Generalitez, qui furent auſſi augmentées de ſeize qu’elles eſtoyent lors dudit Edict de premier eſtabliſſement d’icelles en l’an 1542. iuſques au nombre de 19. auec pouuoir & nouuelle attribution auſdits Treſoriers & Generaux nouuellement & derechef reünis enſemble, de iuger en pluſieurs matieres, connoiſtre & decider pluſieurs nouueaux differens, dont fut fait & compoſé ce grand Edict de Iuillet 1577. donné à Poictiers, qui eſt auiourd’huy leur grand fondement.

Mais la Cour des Aydes ne les voulant reconnoiſtre, ny en ſi grand nombre effrené au preiudice de leur ſuppreſſion, ny en ceſte nouuelle attribution de iuger & connoiſtre de tant de diuerſes matieres & nouueaux differens, au preiudice de l’ancienne Iuriſdiction d’icelle Cour, ſeule ſouueraine en ce Royaume pour ce regard, on fut contraint pour faire paſſer ceſt Edict, & en tirer les deniers promis & aduancez en partie par le partiſan, d’accorder & enuoyer à ladite Cour des Aydes vn autre Edict donné à Paris en Mars 1578. qui eſt l’année ſuiuante; par lequel eſt ordonné que leſdits offices de Treſoriers Generaux nouuellement reünis, mentionnez audit Edict de l’année precedente 1577. venant à vacquer par mort ou autrement, ſeront ſupprimez ſans y eſtre iamais pourueu, iuſques à ce qu’ils fuſſent reduits au nombre de trois ſeulement : toutes leurs pretenſions de Iuriſdiction reuoquées ; & à ceſte fin les offices d’Huiſſiers creés par ledit Edict ſupprimez, auec toutes les clauſes de ſeureté & de contentement pour ladite Cour qu’elle pouuoit deſirer : Et de fait ledit Edict de 1577. fut verifié en icelle Cour, en conſequence & aux charges portées par ceſt autre Edict ou Declaration du mois de Mars 1578.

1578. & aux autres charges & conditions portées par l'Arreſt de ladite verification du 14. May enſuiuant audit an 1578. Car il porte en ces mots.

Leuës, publiées & regiſtrées, ouy ſur ce le Procureur general du Roy, & du tres-exprés commandement dudit Seigneur par pluſieurs fois reiteré; & apres que remonſtrances luy ont eſté faites par ladite Cour, aux charges & modifications portées par la Declaration de Mars 1578. Et y eſt encores en outre adjouſté, A la charge que le Greffier deſdits Treſoriers Generaux ſera tenu faire & garder deux regiſtres des expeditions deſdits Treſoriers Generaux, l'vn pour le fait du Domaine à part, l'autre pour les deniers & Finances extraordinaires, dont toutesfois ils ne pourront pretendre aucune Iuriſdiction contentieuſe, ſur peine de nullité: Et à la charge auſſi qu'où il y auroit aucunes oppoſitions ou appellations interjettées tant de leurs Commiſſions, Iugemens, Ordonnances ou mandemens, pour le fait dudit extraordinaire, & de toutes matieres dont la connoiſſance appartient à ladite Cour, les parties ſe pouruoiront en icelle, & non ailleurs, à peine de nullité : Et que de toutes les contrauentions aux Edits & Ordonnances pour le fait de ce dont la connoiſſance appartient à ladite Cour, que ledits Treſoriers Generaux trouueront eſtre faites és deſtroits de leurſdites charges, ils feront bons & fidels procez verbaux, qu'ils enuoyeront incontinent au Greffe d'icelle Cour, pour y eſtre par elle pourueu : & ſans qu'ils puiſſent pretendre aucuns droits ſur les amendes de ladite Cour, fors & excepté la ſomme de cinquante liures pour ceux d'outre Seine & Yonne ſeulement.

Tellement qu'il ſe voit qu'encores qu'ils fuſſent lors bien plus petit nombre qu'auiourd'huy, & en eſtat de diminuer pluſtoſt que d'augmenter neanmoins la Cour leur oſta toute connoiſſance de Iuriſdiction contentieuſe, & les aſſujettit à l'appel comme eſtant deuenus leurs inferieurs: Auſſi que ceſte vnion & conionction deſdits Generaux des Finances auparauant du corps de ladite Cour, auec les Treſoriers de France qui auoient eſté touſiours ſujets à l'appel, eſtoit odieuſe à ladite Cour : & monſtroit que leur grande qualité auparauant des plus releuées eſtoit rabaiſſée & deuenuë inferieure en leurs fonctions reduites & conioinctes auec les Iuges inferieurs.

Les mariages ſolennels des ſieurs d'Arques & la Valette, depuis appellez ſeigneurs de Ioyeuſe & d'Eſpernon, qui furent faits en l'année 1581. & autres dépenſes publiques qu'apportoit la paix profonde qui lors regnoit en France, firent trouuer mille inuentions d'auoir de l'argent. Et entre autres ces Treſoriers de France & Generaux des Finances ne furent oubliez : car par Edict donné à Blois au mois de Ianuier audit an 1581. on les multiplia iuſques au nombre de ſept en chacune Prouince & 1581. Generalité; & pour y donner quelque couleur & pretexte, on leur attribua vn nouueau pouuoir de iuger les furtaux des Tailles en dernier reffort iufques à dix liures, & qu'à ceft effect l'vn des fept auroit qualité de Prefident, auec deux Huiffiers, vn Greffier, vn Bureau : & plufieurs autres telles efperances pour plus doucement tirer leur argent.

1583.   Puis foudain en l'an 1583. par l'Edict folennel donné à faint Germain en Laye au mois de Decembre audit an, où fe fit vne grande affemblée des principaux du Royaume pour proceder à la reformation d'iceluy, lefdits Treforiers Generaux ne furent efpargnez : Car par ledit Edict apres lefdites Generalitez retranchées, ils furent reduits feulement à deux en chacune d'icelles pour exercer alternatiuement feul à feul comme fimples Commis des Intendans, & autres Officiers des Finances : Et furent leur pouuoir, authorité & Iurifdiction tellement retranchez par ledit Edict, qu'ils furent du tout reduits entre les Magiftrats inferieurs, fans Corps, fans Iuftice, fans plus d'Officiers, ny de Bureau pour tribunal, ains fut dit par exprés qu'ils fe pourroient affembler quand il en feroit befoin en la maifon du plus ancien des deux.

Et neanmoins pour aucunement confoler tant de fupprimez, & les releuer de fi grandes pertes & longueurs à pourfuiure leur rembourfement:

1584. Par autre Edict de Nouembre 1584. fur leur requefte & de leur confentement, font reftablis au nombre de fix en chacune Generalité, pour exercer trois à trois alternatiuement, fans toutesfois [dit ledit Edict] qu'ils puiffent prendre forme ou nom de Bureau, & à la charge expreffe qu'ils feront par apres fupprimez, aduenant vacation d'iceux, & reduits au nombre ancien, fuiuant l'Ordonnance des Eftats de Blois qui les reduifoit à vn feul pour chacune Prouince, & icelles Prouinces à dixfept feulement : & non plus pour iuger, mais pour donner aduis aux fufdits Intendans & autres Officiers des Finances leurs fuperieurs.

Et pour leur cataftrophe, les troubles de la Ligue eftans furuenus en

1585. l'an 1585. le remede des neceffitez publiques fut auffi toft rejetté fur lefdits Treforiers Generaux ; car par les Edicts des mois d'Auril 1585. & de

1586. Ianuier 1586. Ils font augmentez par nouuelle creation iufques au nombre de neuf en chacune Generalité, & reftablis en tous les droits qu'ils auoyent euz par les nouueaux Edicts depuis l'an 1551. feulement, & non d'auparauant, comme il eft notable & remarquable audit Edict, & pour en iouyr alternatiuement, non comme Iuges, mais pour donner aduis au Roy & à Meffieurs du Confeil des Finances, comme il eft dit & rapporté en plufieurs endroits dudit Edict.

Et font encores auiourd'huy fi peu affeurez, qu'en l'affemblée de Roüen faite pour la reformation du Royaume en l'an 1597. par Edict exprés du

1598. mois de Decembre 1598. leurs Bureaux, & la plufpart de leurs droits furent fupprimez, & ordonné qu'ils ne feruiroyent qu'alternatiuement, de façon qu'il les a fallu reftablir par vn autre nouuel Edict du mois de

Nouembre 1608. feulement, & neanmoins par la derniere affemblée
des trois Eftats tenus à Paris en l'année 1614. leur fuppreffion eft requife,
comme d'Officiers du tout inutils & fuperflus, qui ne feruent que de
Commis par les Prouinces aux Intendans & autres Officiers des Finances leurs fuperieurs.

Voila comme ces Offices de Generaux des Finances, créez premierement par le Roy Philippes de Valois en l'an 1338. au nombre de huict,
tant pour l'adminiftration des Finances que de la Iuftice d'icelles conjoinctement, puis rendus ordinaires & fedentaires à Paris par le Roy Iean
au nombre de neuf, aux mefmes effets & pouuoir, par affemblée des
Eftats à Paris en l'an 1355. & par luy continuez & confirmez par autre
Ordonnance de l'an 1360. depuis laquelle les regiftres de la Cour des
Aydes fe trouuent commencez & continuez iufques auiourd'huy. En fin
diftraits, feparez, & reglez au nombre de trois par le Roy Charles V. en
l'an 1373. pour ce qui eftoit de l'adminiftration defdites Finances priuatiuement aux autres fufdits premiers Generaux demeurans pour ce qui
eftoit de la Iuftice, furent reduits à vn feul, pour ce qui eftoit de cefte
fonction des Finances par affemblée des Eftats fous Charles VI. en l'an
1413. & depuis, apres grande multiplication, defordre & alteration de
leurs charges & de leurs perfonnes pendant les troubles & guerres des
Bourguignons & des Anglois ; remis à deux par le Conneftable de France, à la reduction de Paris fur lefdits Anglois en 1436. finalement ayans
recommencé d'eftre augmentez de deux à quatre, & de quatre iufques au
nombre de dixfept fous le Roy Henry II. en l'an 1551. furent feparez en
dixfept Prouinces, & diminuez en ce qui eftoit de l'authorité de leurs
charges : & ont continué d'eftre ruinez tout à fait, de puiffance & d'authorité, comme il eft iuftifié au Chapitre fuiuant, fe trouuans multipliez
iufques au nombre de 200. qu'ils font auiourd'huy au grand opprobre de
la France, & à leur propre confufion.

CHAPITRE QVATRIESME,

De la suppression, ou retranchement des principales fonctions & preeminences qu'auoyent anciennement lesdits Tresoriers de France & Generaux des Finances, & de la translation d'icelles à d'autres, qui en ont accreu l'authorité de leurs offices.

E s Tresoriers de France ayans esté par vn long temps seuls & vniques en leurs charges, estoyent tellement estimez, que lors du premier establissement de la Chambre des Comptes pour estre sedentaire à Paris, qui fut par Edict donné au Viuier en Brie 1319. elle eut pour President le Tresorier de France, qui pour lors estoit le sieur de Sully, d'ailleurs aussi grand Bouteiller de France, lequel a passé par des plus grandes charges du Royaume de son temps; Et depuis quand lesdits Tresoriers ont esté augmentez en nombre de deux, de trois, & de quatre, [comme les autres officiers du Royaume] ils sont tousiours demeurez grands, & leurs corps a esté joinct & annexé auec celuy de ladite Chambre des Comptes, comme il se voit par les addresses de plusieurs lettres patentes, & par les iugemens & Arrests mesmes de ladite Chambre des Comptes donnez en ces premiers temps, par l'espace de pres de deux cens ans, souuent conçeus & intitulez en ces mots, *Les gens des Comptes & Tresoriers de France.* Et ont esté ainsi vnis & incorporez iusques à l'Edict de l'an 1551. qu'ils furent supprimez, pour ce qui estoit de faire corps auec ladite Chambre, & d'estre vniuersels par tout le Royaume, comme ils estoyent auant qu'ils fussent distribuez par les Prouinces : Ainsi fut des Generaux des Finances, auec lesquels ils furent incorporez, & retranchez de toutes les plus belles marques qu'ils auoient euës iusques-là, & d'officiers faisant Corps & joints à des Cours souueraines, furent reduits en officiers Prouinciaux & subalternes : Qui deslors aussi perdirent l'entrée au Conseil du Roy, auquel ils estoyent bien venus, & y auoient tousiours eu leurs places, pour la necessité & consequence de leurs charges vniuerselles, qui auoient pouuoir & correspondance par tout le Royaume.

Les Generaux des Finances pareillement en leur premiere origine, bien que postericurs ausdits Tresoriers de France qui estoyent de premiere & plus ancienne creation, & qui manioyent vn reuenu plus ancien & plus noble, qui est le Domaine de la Couronne, n'ont pas eu moins de rang

&

& d'authorité : Ils n'ont iamais presidé à Cour des Aydes, mais se sont
contentez d'estre annexez au corps d'icelle, & d'y estre presidez, combien qu'ils peussent lors faire corps à part, & disposer en toute superiorité
des Finances procedans des Aydes en ce qui estoit de l'administration &
direction d'icelles, & conjoinctement auec ladite Cour des Aydes en ce
qui estoit de la Iustice. Ils ont eu pour collegues & confreres des Princes
du sang, & des plus grands du Royaume, mesmes le Duc d'Orleans propre frere du Roy Charles V I. les Ducs de Berry & de Bourgongne ses
oncles, & le Duc d'Albret son cousin Germain, & autres tels grands Sei-
gneurs & Princes par diuerses lettres patentes, entre autres par celles des
8. Octobre 1401. & 18. Auril 1402. qui est la cause, peut-estre, pour
laquelle ils ont esté les premiers nommez auant les autres Generaux de
ladite Cour des Aydes, par les anciennes patentes & ordonnances de
nos Roys, portans leurs adresses en ces mots : A nos amez & feaux Conseillers les Generaux tant de la Finance que de la Iustice de nos Aydes
ordonnez pour la guerre, iusques audit Edict de l'an 1551. par lequel
comme lesdits Tresoriers de France furent separez du corps de la Chambre des Comptes, aussi furent ces Generaux des Finances separez du corps
de la Cour des Aydes : Et combien que ce soit pour mesmes considerations, il s'en peut toutesfois adjouster vne plus forte & particuliere pour
ladite Cour des Aydes, & de laquelle ladite Chambre des Comptes ne se
peut preualoir; c'est vn Edict si succinct & à propos de ce sujet, que le
texte d'iceluy en peut seruir d induction.

HENRY par la grace de Dieu Roy de France, A tous presens & à
venir, Salut. Comme nous ayons par cy-deuant donné bon ordre
& reglement à toutes nos Cours de Parlement, qu'aucun ne soit receu en
icelles, qu'il ne soit suffisant & capable, tant d'aage, integrité de vie, que
de sçauoir; auquel reglement n'aurions compris nostre Cour des Aydes,
qui est Cour souueraine, iugeant en dernier ressort de toutes causes quelconques à elle attribuées, tant par les Edicts des feuz Roys nos predeces-
seurs, que les nostres; à laquelle neanmoins est besoin donner bon ordre,
& conuenable pour leurdite reception, à ce qu'à l'aduenir ne soyent receus personnes incapables, soit de mœurs, aage, ou de sçauoir & litera-
ture. Nous pour ces causes & considerations, mesmes qu'en nostredite
Cour des Aydes, sont lesdites matieres de nos Aydes, Tailles, Gabelles,
& autres subsides decidées en dernier ressort & souueraineté, Auons voulu, ordonné, statué; voulons, ordonnons & statuons, que d'oresnauant
nuls ne pourront par nous estre pourueus és estats & offices de General &
Conseiller en ladite Cour, sinon qu'ils soyent aagez de vingt-cinq ans
complets, & qu'auparauant qu'estre receus ausdits offices, leur soit donnée vne loy à l'ouuerture du liure, sur laquelle ils viendront prests à res-

pondre le lendemain en plaine compagnie : & à mefme inftant incontinent apres, voulons qu'ils foyent interrogez promptement fur nos ordonnances, concernans tant le fait de l'Ayde que de la Taille & Gabelle,
& fur la forme de pratiquer en icelles : defendons expreffément, qu'autrement ils ne foyent receus finon apres eftre deuëment en la forme que
deffus interrogez & approuuez des deux tiers en nombre de nos Prefi-
dens Generaux & Confeillers de noftredite Cour, aufquels en chargeons
leurs confciences. Permettons neanmoins à noftre Procureur General
auparauant ladite reception, informer fur la vie & mœurs defdits par
nous pourueus : Si donnons en mandement à nos amez & feaux Confeillers les gens tenans noftre Cour des Aydes à Paris, que nos prefens Edict
ftatut, & ordonnance, ils facent lire, publier & enregiftrer, pour eftre
obferué de poinct en poinct felon fa forme & teneur, nonobftant quels-
conques lettres, Edits, prouifions, mandemens impetrez ou à impetrer
à ce contraires. Car tel eft noftre plaifir. Donné à Fontaine-bleau au
mois de Ianuier 1549.

Suppreffion fpeciale des plus beaux droits qu'auoient ancienne-
ment lefdits Generaux des Finances, & qu'ils n'ont
plus, en 20. articles.

<table>
<tr>
<td>Art. 1.
Ne font plus
du corps de
la Cour des
Aydes.</td>
<td>Voilà donc ces Generaux des Finances comme ignorans de la Loy, priuez pour ce qui eft de la Iuftice, du corps de ladite Cour des Ay-des, par ceft Edict de l'an 1549. & du tout auffi feparez d'icelle Cour, pour ce qui eft du furplus, par autre Edict de l'an 1551. qui les departit & oblige d'exercer leurs offices par les Prouinces & d'y refider ; finon qu'il leur refte quelque entrée & feance en ladite Cour, pour ce qui eft des Fi-nances feulement, & non plus de la iuftice, mais quand ils y auront af-faire ou feront mandez feulement : ce qui aduient rarement, & pour vn tres petit nombre d'entr'eux, tout ainfi qu'il fe pratique en la Chambre des Comptes, & non autrement. Auffi deflors & à l'inftant de ces deux</td>
</tr>
<tr>
<td>2.
Ne font plus
les premiers
nommez a-
uant ladite
Cour des
Aydes.</td>
<td>Edicts de 1549. & 1551. ils commencerent à perdre leur rang & ancien grade, d'eftre les premiers nommez, par les addreffes des Edicts & pa-tentes des Roys : & font deflors en auant toufiours nommez apres ladite Cour des Aydes, & non plus en corps, mais comme particuliers auec les Baillifs & Senéchaux, Efleuz & Grenetiers, defquels ils font faits & de-uiennent confreres, pour bailler les fermes, faire departemens des Tail-les, traicter, opiner, & iuger auec eux, comme il fera monftré cy apres: Cela fe voit, & fe peut obferuer communément par les addreffes de tous les Edicts & patentes du temps precedent & du pofterieur audit Edict de l'an 1551. mais encores particulierement & plus facilement en vn recueil</td>
</tr>
</table>

des priuileges & franchifes des Foires de Lyon, Imprimé audit Lyon
1574. où en la confirmation defdits priuileges de l'an 1543. l'addreſſe eſt
ces mots, A nos amez & feaux les gens de nos Comptes, & Generaux
Confeillers, tant fur le fait de nos Finances, que de la Iuſtice des Aydes
à Paris, & font lefdits Generaux des Finances les premiers nommez: &
en l'autre confirmation qui fuit des mefmes priuileges defdites Foires de
l'an 1553. l'adreſſe eſt en ces mots, A nos amez & feaux les gens tenans
nos Cours de Parlement, & grand Confeil, Cour des Aydes, Treforiers
& Generaux de nos Finances, Baillifs, Senéchaux, Eſleuz, Greneticrs,
&c. & s'y voyent lefdits Treforiers & Generaux des Finances les derniers
nommez: Encores le plus fouuent l'adreſſe ne fe faifoit plus à eux en general, comme n'ayans plus de corps, ains en particulier feulement felon
les Prouinces où ils refidoyent : ce qui fe voit au mefme recueil en vne
autre patente obtenuë pour la confirmation & amplification des priuileges defdites Foires de l'an 1555. où l'addreſſe eſt en ces mots, A nos amez
& feaux les gens de nos Cours de Parlement, & de nos Aydes, Treforier
de France & General de nos Finances à Lyon, Senefchal dudit lieu, &c.
Et par tous les Edits & patentes du depuis n'ont plus eu d'addreſſe en
corps, mais en particulier par leurs Prouinces & Generalitez auec les
Baillifs, Senefchaux, Eſleuz & Greneticrs des lieux.

Ceſte premiere perte de leur rang & prefeance eſt iugée auec eux mefmes, & de leur confentement par l'Ediſt de Septembre 1552. auquel art.
6. leur eſt accordé fur leurs plaintes & articles propofez de leur part, en
ces mots, En toutes addreſſes de lettres, commiſſions & mandemens en
particulier, aſſemblées & conuocations, nofdits Treforiers feront prefe-
rez, & precederont en ordre, rang & aſſiette, nos Maiſtres d'hoſtel, Ef-
chanfons, Panneticrs, & vallets tranchants, & les perfonnes fingulieres
des Maiſtres de nos Comptes, & de nos Confeillers en nos Cours de Parlement, ceux de la Iuſtice de nos Aydes, & du Trefor, pourueu toutesfois que nofdites Cours & Chambre de nos Comptes ne foyent collegia-
lement aſſemblez: auquel cas les Colleges de nofdites Cours de Parlement, Chambre de nos Comptes, & Generaux de la Iuſtice, precederont nofdits Treforiers Generaux; Encores ceſt article a eſté rejetté ou
reformé par les verifications, tant du Parlement, Chambre des Comptes,
que de ladite Cour des Aydes, pour ce qui eſtoit des fingulieres perfonnes, auſſi bien que quand ils font en corps , comme il fera monſtré au
chapitre fuiuant.

F ij

Preuue des beaux droicts & grandes preeminences qu'auoient lesdits.
Generaux des Finances par les anciennes ordonnances, dont
ils ont esté despouïllez & priuez par les dernieres.

OR pour monstrer que non seulement ils ont perdu & ont esté priuez de ceste faculté superéminente, de faire vn corps souuerain & vniuersel par toute la France pour l'administration des Finances, qui estoit le principal, voire l'vnique fondement de leur grande puissance & authorité, mais qu'ils ont encores esté despoüillez peu apres, & de temps en temps, des plus belles fonctions & anciennes attributions de leurs charges, faut commencer par l'examen de tout ce qu'ils ont eu & qu'ils n'ont plus. Par le premier Edict d'establissement de leursdites charges en corps de Cour, fait par Charles V. en l'an 1373. se voit comme ils auoient vn lieu destiné pour s'assembler en corps à Paris, appellé la Chambre des Generaux des Finances, où le Chancelier de France se trouuoit quelquesfois pour deliberer auec eux des choses plus importãtes ; & s'en trouuent des Arrests par écrit, esquels est nommé pour President & assistant le Chancelier : & de là prouient qu'il s'en est conserüé le serment entre ses mains iusques à ce iourd'huy, comme ayant esté leur chef, & eux ayans esté aussi du Conseil du Roy. En consequence de ladite preeminence, quatre Secretaires leur sont ordonnez & nommez par le Roy en la mesme ordonnance, pour signer sous eux toutes expeditions priuatiuement à tous autres, appellez Secretaires des Finances, comme ils ont esté continuez & sont demeurez iusques à present, qui sont les quatre Secretaires du Conseil des Finances qui sont entierement audit Conseil auiourd'huy, ce qu'ils faisoyent anciennement par ceste ordonnance sous lesdits Generaux : Pouuoient augmenter ou diminuer le nombre des Esleus & autres officiers, les instituer & destituer, les punir & corriger ; Bref que seuls ils auoient toute charge [sous le nom & commandement du Roy seul] de faire toutes sortes de mandemens, acquits & autres expeditions necessaires pour faire venir ens [dit ladite ordonnance] les Finances du Royaume, ou les distribuer & departir ; auec plus de pouuoir que n'ont auiourd'huy les Intendans, Directeurs & tous les autres officiers superieurs des Finances ensemble, mesmes de faire les compositions & rabais des fermes, & toutes autres sortes de remises, qui sont appellées remissions par ladite ordonnance.

En execution & suitte de laquelle ordonnance premiere, il s'en trouue trois autres en forme de commissions & augmentations de pouuoir aux successeurs desdits premiers Generaux des Finances, des années 1395. 97. & 99. par lesquelles ils ont l'entiere administration & gouuernement

des

dès Finances, fans que les gens des Comptes & Treforiers, ny les Generaux Confeillers fur le fait de la Iuftice, ny autres quelconques s'en puiffent mefler, ny les troubler: ont pouuoir de corriger & interpreter les anciennes ordonnances, & donner reglemens ou inftructions fur le fait defdites Finances, & y adjoufter tout ce que bon feur femblera : vifiter & regler ceux qui manient les Finances par toute la France, ou y enuoyer vi-
fiteurs & Commiffaires de leur part, tels que bon leur femblera, auec
pareil pouuoir d'ordonner, commettre & eftablir, ou deftituer & dé-
mettre Efleus, Receueurs, Grenetiers, Sergens, Greffiers, & tous autres
officiers, y pouruoir par mort ou autrement : faire rabais, donner termes,
refpits & delais : Bref de punir & corriger Efleus, & tous autres officiers,
& iuger en toutes matieres de Finances ciuilement ou criminellement,
appellant auec eux ceux qu'ils verront bon eftre, & en dernier reffort
fans appel, comme Arrefts de Parlement, & fans que lefdits Generaux
de la Iuftice les en puiffent troubler & empefcher, & fans que les gens
des Comptes puiffent clorre ny arrefter aucuns comptes des Finances,
finon qu'iceux Generaux ou l'vn d'eux foyent prefens, ou en baillent
leur confentement.

Il fe trouue trois autres commiffions des années 1401. 1402. & 1403. **1401.**
contenans augmentatió de pouuoir encores bien plus ample : mais pour- **1402.**
ce qu'elles font addreffantes au Duc d'Orleans frere du Roy, aux Ducs de **1403.**
Berry & de Bourgongne fes oncles, au Duc d'Albret & autres des plus
puiffans du Royaume, elles ne feront tirées à confequence, ny ce qui s'en
eft enfuiuy de leur puiffance, pendant les troubles & guerres des Anglois.

Et neanmoins auffi toft que le Roy Charles VII. commença d'eftre
reconnu par les principales villes de fon Royaume, ayant fait plufieurs
ordonnances pour le reftabliffement de la Iuftice & de la police : entre
autres en fit vne fort ample pour le fait des Finances, donnée à Saumur
le 4. Septembre 1443. & encores vne plus ample donnée à Nancy le 10. **1443.**
Ianuier 1444. en interpretation & augmentation de la precedente, par **1444.**
lefquelles il reduit le maniement de toutes les Finances de fon Royaume
à vn feul Receueur general à Paris, comme il fe pratiquoit auparauant
les guerres, & veut qu'il manie, & qu'il compte de tous les deniers de fa
charge, tant en recepte que defpenfe fur les Eftats & mandemens defdits
Generaux des Finances feulement, aufquels il attribuë, repete & confir-
me les mefmes puiffances & authoritez qu'ils auoyent auparauant les
guerres par les fufdites anciennes ordonnances : mefmes eft defendu aux
gens des Comptes de ne clorre ny arrefter aucuns comptes fans leur prefence ou confentement, ny de receuoir aucuns Eftats, mandemens, acquits patents, commiffions ny autres acquits ou traittez de Finances, s'ils
ne font fignez & expediez par les Treforiers de France, pour ce qui eft
du Domaine, ou par lefdits Generaux pour toutes les autres Finances, &

G

ont touſiours ainſi eſté maintenus & continuez en ceſte grande puiſſance & authorité: meſmes qu'il ſe voit par deux Arreſts de la Cour des Aydes, l'vn du 22. Mars 1503. l'autre du 28. Mars 1510. que les Treſoriers ou gardes de l'Eſpargne du Roy, appellez auſſi quelquefois gardes des coffres du Roy, ne reçeuoient les deniers de leurs charges des Receueurs particuliers, ſinon par le mandement deſdits Generaux des Finances.

Mais quand par la recherche des Financiers ordonnée eſtre faite par certains Commiſſaires deputez en la Tour carrée, on trouua qu'il y auoit beaucoup de fautes, de negligences, ou de facilitez deſdits Treſoriers & Generaux, en ce qui eſtoit des Eſtats, mandemens & autres acquits, & actes de Finances: par ordonnance de l'an 1532. donnée à Chaſteaubriant, on donna pouuoir auſdits Commiſſaires de la Tour carrée, de receuoir & corriger les expeditions deſdits Treſoriers & Generaux, & de là en auant ils commencerent à decliner, & ſe manifeſta l'enuie que l'on portoit à leur grandeur & puiſſance à cauſe de leurs charges.

La premiere atteinte ou diminution qu'il leur fut donnée, fut par l'Edict de Cognac 1542. portant creation de ſeize receptes generales des Finances de France en ſeize Prouinces appellées generalitez au lieu d'vn ſeul Receueur General à Paris pour tout le Royaume, qui s'y eſtoit touſiours maintenu ſeul auparauant: Auquel Edict le Roy dit en ces mots, art. 4. Nous commettons en chacune deſdites ſeize receptes generales vn perſonnage capable qui aura le titre de Commis deſdits Treſoriers de France & Generaux des Finances, & fera en leur abſence comme leur Lieutenant, tout ce qui touchera & dependra deſdites charges pres des Gouuerneurs & Lieutenãs pour nous eſdites Prouinces, excepté les baux à ferme, mandemens & autres depeſches portans acquit. Et fut l'eſtabliſſement deſdits Commis en chacune deſdites Prouinces ou Generalitez, le premier coup de la deſtruction de l'authorité vniuerſelle par tout le Royaume deſdits Treſoriers & Generaux, ſuiuy peu apres d'vn autre Edict donné à ſaint Germain en Laye, le premier Mars 1545. qui porte diſertement que leſdits Treſoriers de France & Generaux des Finances reſideront de là en auant chacun dans les limites de ſa charge, qu'ils s'eſtoyent peu auparauant entr'eux diſtribuée [imprudemment & auec grand preiudice pour eux,] l'vn pour le Languedoc, l'autre pour le Languedouy, qui eſt à dire l'vn du coſté d'Orient, l'autre du coſté d'Occident, puis vn autre outre Seine & Yonne, & vn autre en Normandie, qui faiſoyent le departement de tout le Royaume: Car en ce faiſant, inſenſiblement ils ſe priuerent & bannirent du Conſeil, où ils auoient entrée & y eſtoyent neceſſaires le plus ſouuent: Et pour les empeſcher d'y rentrer, ny d'y plus reuenir, on leur enjoint non ſeulement de reſider en leurſdits departemens, mais d'enuoyer les procez verbaux de leurs cheuauchées audit Conſeil, & depuis par l'Edict de l'an 1551. art. 17. ils en furent</pre>

1503.
1510.

1532.

1542.
3.
Vn Commis
deſdits Tre-
ſoriers &
Generaux en
chacune Pro
...ce eſtabli
par le Roy,
auec vn pou-
uoir quaſi
pareil à eux.

1545.

4.
Sont priuez
de l'entrée
du Conſeil.

exclus & priuez par expres , comme il fera monftré cy apres.

Par autre Edict ou reglement des Finances fait au mefme lieu de faint Germain, le 12. Auril 1547. voicy comment les gardes des coffres du Louure, lors nouuellement eftablis (depuis appellez Intendans des Finances) proches du Roy , voyans qu'on auoit fait refider ces Treforiers & Generaux par les Prouinces , commencent d'eftre mis en leurs places & principales fonctions , fous le nom de gardes des coffres du Louure premierement, puis de Commiffaires , auant que d'eftre eftablis en tiltre & dignité d'Intendans fur eux , comme ils furent bien toft apres : Car il fut ordonné par les art. 1. & 2. de cét Edict, que tous les deniers , tant ordinaires du Domaine , qu'extraordinaires des Aydes, Tailles, Gabelles, & autres fubfides & impofts, feroyent apportez & enfermez efdits coffres du Louure : aufquels le Roy eftabliroit & commettroit certains perfonnages qui en auroient les clefs : Et par les art. 5. & 8. lefdits Commiffaires (qui feront bien toft apres les Intendans des Finances declarez & formez) feront les taxations & autres expeditions du port & acquit defdits deniers , & ne s'en fera aucune diftribution ny defpenfe qu'en vertu des mandemens du Roy en leur prefence qui en tiendront regiftres. Article 19. les Treforiers & Generaux des Finances refidans par les Prouinces , feront tenus d'enuoyer leurs procez verbaux au Confeil & aufdits Commiffaires : C'eft pour commencer feulement à les faire reconnoiftre pour fuperieurs, & peu apres les intituler Intendans fur eux , Art. 20. Ils auront vn Bureau au Louure auquel ils feront leurs taxes & autres expeditions , c'eft la fuppreffion de la chambre des Generaux des Finances à Paris, où lefdits Generaux des Finances par l'Edict de leur creation de l'an 1373. auoient pouuoir de s'affembler en corps fi glorieufement auec le Chancelier de France quelquesfois, & touiiours auec quatre Secretaires des Finances (au lieu des Greffiers) qui feuls auoient cette charge honorable priuatiuement à tous autres : & maintenant cette chambre eft transferée par cét Edict au Bureau des Intendans des Finances qui ne furent lors que fimples Commiffaires & gardes des coffres du Louure , & auiourd'huy eft appellée la chambre de la direction , ou le Confeil des Finances.

Le coup mortel de la fuppreffion entiere & veritable du grand pouuoir & dignité fupereminente qu'auoient eu lefdits Generaux des Finances, de s'affembler en corps , & d'eftre Souuerains ordinateurs de toutes les Finances de France, c'eft l'Edict de l'an 1551. par lequel on les vnit auec les Treforiers de France pour les faire égaux , & les accouftumer (comme eux) d'eftre fujets a l'appel en leur iuftice ordinaire du Trefor : On les augmente & multiplie de quatre en dixfept, qu'on reduit en dix-fept Prouinces appellées Generalitez, pour leur conferuer en apparence ce beau nom de Generaux, qu'on leur ofte en effect, les efcartant & diftri-

---

Notes marginales :

1547.

5.
N'ont plus de chambre pour s'affembler en corps à Paris, comme fuperieurs & ordinateurs des Finances.

1551.

6.
Ne font plus Generaux pour toute la France : mais

prouinciaux buant chacun en chacune d'icelles Prouinces, où leur est enjoinct par le
& reduits premier art. de cét Edict d'estre actuellement residens, afin qu'ils ne se
chacun à sa puissent r'assembler, & reconnoistre la suppression de leur corps, & de
Prouince. leur force & ancienne dignité par ceste nouuelle diuision. Et par le 2. art.
de cét Edict, sont obligez d'enuoyer chacun par chacun an les Estats de
chacune leur Prouince, au Conseil, ou à ceux qui seront par le Roy dele-
guez, qui est à dire aux Intendans qui furent incontinent & bien peu
apres establis & subrogez en leurs places.

       Art. 4. & 5. est dit que chacun Tresorier General fera le procez verbal,
7.
Sont obligez tiendra registre à part, & procurera en sa Prouince & Generalité que
de resider tous les deniers soyent enuoyez à l'Espargne : tellement qu'il ne se parle
chacun en sa plus d'eux en corps & en general, mais en particulier, non plus pour la
Prouince. France, mais pour chacune Prouince à part appellée Generalité : & qui
plus est, ne leur est plus donné pouuoir d'ordonner desdites Finances en
General comme ils faisoyent, mais de procurer chacun en sa Prouince,
qu'elles soyent enuoyées à l'Espargne, & distribuées par ordonnances
8. & mandemens d'autres que d'eux. Et par ce moyen on les fait Procureurs
Sont deue- & solliciteurs en particulier, au lieu qu'ils estoyent ordinateurs en Gene-
nus Procu- ral & par tout. A quoy se peut adiouster ce qui est dit par l'Edict de la
reurs & sol- creation des Controlleurs des Finances en chacune Generalité du mois
liciteurs des de Féurier 1554. en ces mots art. 14. Nous entendons neanmoins que
Finâces seu- nosdits Tresoriers Generaux demeureront chargez de la residence, solli-
lement cha-
cun en sa citation & cure des deniers de leurs charges, & de toutes autres choses
Prouince. qui leur sont prescriptes par les Edicts : C'est pourquoy Budée ne les met
1554. entre les Iuges, mais les appelle Procureurs & solliciteurs des deniers
publics.

       Et par le 10. 8. & 13. art. de cét Edict de 1551. est reserué de bailler au-
dit Tresorier General en particulier pour l'execution des commissions ou
mandemens qui luy seront enuoyez, vn Collegue sur les lieux, Iuge ordinaire, ou d'autre qualité selon la matiere, c'est à dire les Baillifs, Senéchaux, ou leurs Lieutenans pour le Domaine, & les Esleuz & Grenetiers
pour les Aydes, & autres deniers extraordinaires : & de fait audit art. 10.
est dit que ledit Tresorier general residant ainsi seul en la Prouince, ne
pourra plus informer seul, sans appeller adjoinct, ny sur lesdites infor-
9. mations, decreter aucune prouision contre les officiers, mais les enuoyera
Sont priuez au Conseil pour en estre ordonné. Les voyla donc priuez de toute Iuris-
de Iurisdi-
ction, & diction, & rendus compagnons ou Collegues, comme il est dit audit art.
rendus Col- 13. voire moindres que lesdits Baillifs, Senéchaux, Esleuz, & Grene-
legues, & tiers, qui peuuent seuls informer & decretter ; ausquels est aussi ordonné
quasi moin- par l'art. 11. suiuant, de donner Conseil, confort & ayde en toutes cho-
dres que les ses ausdits Tresoriers Generaux.
Esleuz.
       Art. 16. il est dit que chacun d'eux residant en sa Prouince ou Genera-
lité.

lité, iouyra des priuileges & exemptions dont ils iouyſſoient auparauant, leſquels entant que beſoin ſeroit leur ſont de nouueau donnez & concedez, ſemblables ſeulement à ceux des officiers domeſtiques & commenſaux du Roy; tellement que les voila priuez de tous priuileges, s'ils ne reſident: & leur ſont leſdits priuileges donnez & octroyez de nouueau, comme en ayant eſté veritablement & en effet priuez par cét Edict, par lequel ils ſont du tout exauctorez de l'ancienne dignité qu'ils auoyent, & deſpoüillez de l'authorité d'eſtre de Cour ſouueraine; ce qui les rendoit capables deſdits priuileges: leſquels d'ailleurs ne leur ſont reſtituez entierement tels qu'ils les auoyent comme officiers en corps & de Cour ſouueraine, mais tels ſeulement qu'aux officiers domeſtiques & commenſaux, qui ſont beaucoup moindres; pource qu'ils ne peuuent ennoblir ny faire ſouche à nobleſſe, comme ſont tous officiers de Cour ſouueraine, & faiſoyent leſdits Generaux auparauant ledit Edict, ce qu'ils ne ſont auiourd'huy: meſmes qu'ils ne ſont plus capables de lettres de Veteran, non plus que les Auditeurs & Correcteurs des Comptes, ny les Preſidiaux, n'eſtans leſdites lettres accordées qu'aux officiers des Cours ſouueraines, qui y ont entrée auec ſeance ordinaire & voix deliberatiue en tous cas & affaires, & demeurent priuez auiourd'huy de pluſieurs autres ſemblables droits & prerogatiues qui n'appartiennent & ne ſe communiquent qu'aux officiers des Cours ſouueraines.

Art. 17. ils ſont entierement exclus d'eſtre du Conſeil priué du Roy, ny d'y auoir entrée comme ils auoyent, voire neceſſaire en ce qu'il eſt dit, que ſi pour quelque temps, ou pour aucuns affaires, on ſe vouloit ſeruir d'aucuns d'eux au Conſeil priué, en ce cas pourroit auoir diſpenſe de reſider en ſa Prouince, comme il y eſt tres-eſtroitement obligé par l'art. 4. de ce meſme Edict.

En l'art. 23. leurs anciens gages & appointemens qui eſtoyent des plus grands qu'euſſent aucuns autres officiers de la France, ſont reduits & moderez à 2500. liures pour tout par chacun an.

Et par Edict poſterieur de l'an 1554. le Treſorier de l'Eſpargne, qui s'eſt accreu comme les Intendans, par la ſupreſſion des anciens droits, préeminences & fonctions deſdits Treſoriers & Generaux des Finances, a vingt mil liures de gages par an, & ſon Controlleur general a dix mil liures auſſi de gages par chacun an: Et par le meſme Edict de l'an 1554. és art. 9. & 10. ſont obligez chacun deſdits Treſoriers Generaux d'enuoyer par chacun an, tant audit Treſorier de l'Eſpargne, qu'audit Controlleur general nouuellement creé par ledit Edict, les eſtats particuliers de la valeur des Finances de leur Prouince ou Generalité; & tous autres eſtats particuliers de la plus valeur des Ventes, Fermes, Gabelles, & autres choſes pour eſtre verifiez, & pourueu ſur iceux par ceux que nous auons deputez & ordonnez [dit ladite ordonnance] pour eſtre Intendans

H

au fait de nos Finances. Voila donc lefdits Intendans formez, nommez & creez par cét Edict, qui font mis par le Roy en la place defdits Trefo-riers & Generaux, font chargez & honorez de leurs fonctions & dépoüil-les, apres que le Roy les a difperfez par les Prouinces, comme leurs Commis, auec les Iuges inferieurs refidens en icelles.

Maïs par l'ordonnance de l'an 1556. donnée à Paris au mois d'Octo-bre, pour faire apporter aux coffres du Louure tous les deniers du Roy, la preuue entiere de ce quatriéme chapitre eft bien plus expreffe & parti-culiere, pour monftrer la vraye tranflation de l'ancienne puiffance & au-thorité de ces Treforiers & Generaux, aux Intendans des Finances, ainfi nommez & creez fous ce nouueau tiltre par cefte ordonnance: & qu'auf-fitoft que par les Edicts de 1551. & 1552. on euft changé & reduit ces Treforiers Generaux en prouinciaux, & de Maiftres en Commis au mef-mé temps quafi, par ces autres Edicts fuiuans de pres és années 1554. & 1556. ces Intendans furent creez, efleuez & fubrogez en leurs places, & quafi au mefme pouuoir: Premierement par l'art. 10. de ce dernier Edict de l'an 1556. le Roy les appelle les deputez pres de nous, & auffi toft les qualifie du nom & tiltre d'Intendans au fait de nos Finances : puis és art. 16. & 17. veut que lefdits Treforiers Generaux departis par les Prouin-ces, enuoyent par chacun an aufdits Intendans les eftats par eftimation de leurs charges & departemens, auec tous les eftats des reftes & plus va-leurs qui fe trouueront deuz au Roy au deftroit de leurfdites charges, pour eftre verifiez par lefdits Intendans, & fur iceux par eux procedé aux roolles & eftats de recepte & defpenfe.

Lefquels Intendans des Finances ont efté puis apres tellement efleuez par deffus lefdits Treforiers Generaux des Finances, que par Edict ou re-glement des Finances fait à Bar le Duc le 4. May 1564. fur les plaintes & remonftrances defdits Intendans, de plufieurs abus qu'ils difoyent eftre au fait des Finances, mefmes contre lefdits Treforiers Generaux, de ce qu'ils ne leur enuoyoient leurs eftats que deux ou trois mois apres l'année commencée, afin d'en cacher [comme ils difoyent] les plus va-leurs, art. 5. eft mandé aux Chambres des Comptes, de ne verifier la re-cepte & defpenfe des Receueurs generaux, que fur les eftats verifiez par lefdits Intendans, & non plus fur ceux qui feroyent expediez par lefdits Treforiers Generaux.

Et font reduits lefdits Treforiers Generaux à fi peu de pouuoir & d'au-thorité, & rendus refponfables à tant de fortes de perfonnes, eux qui commandoient à tous les autres, & par toute la France, qu'apres auoir efté obligez d'enuoyer leurs eftats, premierement au Confeil, puis aux Commiffaires des coffres du Louure & aux Intendans, & encores au Treforier de l'Efpargne, puis au Controlleur general des Finances ; le tout par diuers Edicts : Voicy que par vn nouuel Edict de creation du

folliciteur general des reftes en office de Controlleur d'iceux de l'an 1573.
1573. art.13. ces mefmes Treforiers Generaux font encores obligez d'enuoyer par chacun an, à peine de radiation de leurs gages, vn eftat fommaire des comptables de leur reffort, & de leurs cautions & certificateurs
audit folliciteur & Controlleur general des reftes, & de l'aduertir en outre fur les mefmes peines, de celles qui fe trouueront renouuellées ou autrement renforcées, felon les occurrences de mort ou autrement. ·

    Et eft continué de plus en plus à les exauctorer & diminuer encores
iufques-là, que par les derniers reglemens des Finances faits au Confeil
depuis la mort du Roy Henry le Grand, premierement par celuy du 21.
Iuin 1611. eft ordonné que lefdits Treforiers Generaux ne pourront employer ny adioufter aux eftats de recouurement qu'ils baillent aux Receueurs generaux des Finances, ny mefmes à ceux des Receueurs particuliers, aucunes parties en recepte ny en defpenfe, que celles qui font en
l'eftat du Roy, à peine d'en refpondre en leurs propres & priuez noms,
s'il n'y auoit Arreft du Confeil particulier à cét effect : & par vn autre reglement depuis fait le 2. Mars 1613. leur eft enjoinct de refider chacun en
fon reffort, à peine de priuation de leurs gages & droicts, & ordonné
qu'ils ne pourront verifier les eftats des Receueurs particuliers, fans la prefence des Receueurs generaux, pour y contefter & empefcher qu'ils ne
facent rien paffer à leur prejudice, tant ils font diminuez de pouuoir &
d'authorité, & furueillez en leurs actions. Et pour monftrer comme ils
font encores plus raualez d'authorité, par ce mefme reglement, eft dit,
contre les anciennes ordonnances, que lefdits Receueurs generaux ne feront plus abftraints de faire figner & authorifer leurs contraintes par lefdits Treforiers Generaux, & qu'ils les pourront faire executer d'eux mefmes ; & ainfi toute leur puiffance & ancienne authorité leur eft fubftrai-
te, de façon qu'ils ne reftent plus que fimples executeurs des ordonnances & mandemens de Meffieurs les Intendans, & autres nouueaux officiers fuperieurs des Finances, comme leurs Clercs & Commis : Et de fait
qu'ils parlent & rendent compte de leurs charges debout & nuë tefte deuant lefdits fieurs Intendans, Directeurs, & autres fuperieurs officiers des
Finances, couuerts & affis en leur Confeil ou Chambre des Finances,
laquelle auoit efté premierement erigée pour lefdits Generaux des Finances feuls, & auoir l'honneur d'y deliberer auec le Chancelier de France, & en fon abfence d'y commander & ordonner toutes expeditions de
Finances, comme il a efté iuftifié par l'Edict de 1373. & par plufieurs autres lettres patentes & Arrefts qui s'en font enfuiuis.

    Or pour monftrer que par l'Edict de l'an 1551. on ne s'eft pas contenté
pour faire place aufdits Intendans (aufquels on a depuis adioufté des Superintendans, ou des Directeurs, ou des Controlleurs generaux des Finances) de les priuer de toutes les plus belles fonctions & authoritez

H ij

pour les transferer aufdits Intendans & autres officiers fuperieurs des Finances, mais qu'on les a voulu d'abondant affujettir & accoupler auec les Iuges ordinaires, pour leur ofter toute efperance de leur ancienne fplendeur & authorité fuperieure, fe peut remarquer [outre ce qui a efté cy-deffus recueilly des 8. & 10. articles dudit premier Edict de l'an 1551.] que par autre Edict fuiuant de l'an 1552. accordé à leur fupplication, & fur les articles par eux propofez, il fe voit és articles 3. 7. & 27. qu'apres leur auoir rendu le pouuoir qui leur auoit efté ofté de faire aucune taxe, il leur eft limité audit 27. art. iufques à 30. liures feulement, & eft adjoufté, que pour faire lefdites taxes ils feront tenus d'appeller auec eux l'vn des Maiftres des Comptes és lieux où il y en aura, & és autres lieux l'vn des Iuges ordinaires : Et par autre Edict de 1577. par lequel apres tant de fuppreffions, de retranchemens & diminutions faites en leurs offices, ils penfent auoir efté bien releuez & fauorifez, ledit pouuoir de faire taxes leur eft reftraint & limité en l'art. 11. à 4. 5. ou fix cens liures au plus, pour tout par chacun an : Et par les art. 16. & 17. eft dit qu'ils iront faire les baux des Aydes, & autres impofitions en l'eftenduë de leur Treforerie Generale, auec les Efleuz & Controlleurs, & Procureurs du Roy de chacune eflection, dont ils rapporteront les eftats & certifications fignées, tant d'eux que defdits Efleuz, Controlleurs, Procureurs du Roy, & Greffiers defdites eflections ; mefme que pour verifier les eftats & reftes des Receueurs particuliers, feront tenus d'appeller lefdits Efleuz, & autres que befoin fera ; tellement qu'ils font conjoints auec les officiers des lieux, fans lefquels ils ne peuuent plus rien faire : Et encores par ce mefme Edict de 1577. en l'art. 15. fe veoid qu'ils font reduits à donner feulement aduis au Confeil, & iceluy enuoyer par écrit felon les occurrences, & pour les affaires qui leur feront propofées, qui eft vne des plus grandes diminutions qui foit en leurs offices, eux qui feuls ordonnoient & difpofoyent abfolument & fouuerainement des Finances & vniuerfellement par toute la France, pouuoient eftablir & deftituer les Efleuz & tous autres officiers, les punir & corriger comme fuperieurs, font auiourd'huy reftraints à vne petite Prouince, & qui n'eft que la vingt & vniéme portion du Royaume, confiftant en 21. Generalitez : non plus pour y iuger ny rien ordonner, mais pour donner aduis ; non plus au Confeil & en perfonne, ains l'enuoyer par écrit aux Intendans & autres officiers des Finances : & encores ne peuuent rien faire ne entreprendre de ce peu qui leur refte, fans les Efleuz & autres Iuges des lieux, & fujets à l'appel en tout & par tout.

   Pour conclufion il fe peut dire, que ces Treforiers & Generaux ont tant perdu des plus belles fonctions & preéminences de leur grande puiffance & ancienne auctorité, qu'ils n'en font pas reconnoiffables, & n'en retiennent que le nom, encores tellement defguifé qu'il n'eft qu'imaginaire

                                                                    &

& non veritable, car ils sont appellez Treforiers, mais sans Trefor, pource qu'il est bien certain que les Treforiers de l'Espargne le leur ont osté
tout entier en effect & en verité : Treforiers de France encores moins,
mais Treforiers en France seulement, & chacun pour enuiron vn dixié-
me en la vingt & vniéme partie de la France, ainsi diuisée en 21. Generalitez, en chacune desquelles ils sont neuf ou dix pour le moins : Ils ont
aussi perdu le tiltre & qualité de Conseiller, car ils ne sont plus Conseillers ny Iuges, si ce n'est pour tiltre seulement, comme les Medecins &
Secretaires du Roy, & tous Treforiers quels qu'ils soyent, & plusieurs
autres qui ont ce mesme titre de Conseiller sans effect ny pretention ou
apparence quelconque de Iuges : Et ne sont plus en vn mot Generaux de
toutes les Finances de France, mais reduits au ministere & à la simple
procuration ou subministration d'vne bien petite portion du Royaume
en particulier, chacun en sa Prouince seulement, & non plus en general
ny vniuersellement par toute la France comme auparauant : & de fait
que par le premier Edict de leur nouuel establissement qui fut en l'an
1551. par lequel leur ancienne fonction & qualité de Generaux fut premierement reduite en dixsept Prouinces appellées Generalitez, il est dit
qu'en chacune d'icelles y auroit vn Treforier General sur le fait des Finances, sans aucune mention de ces titres de Conseiller, ny de France, comme par tout ledit Edict, ils ne sont nommez ny qualifiez autrement que
du nom de Treforier General seulement, pour procurer & prendre garde
au destroit & ressort chacun de sa Treforerie au fait des Finances. Ce qui
se void principalement és 1. 5. & 8. art. d'iceluy : & par le subsequent
Edict de l'augmentation & interpretation de leur pouuoir obtenu en l'an
suiuant 1552. à leur postulation & demande, on leur accorda conformément à ce qu'ils en auoient requis en ces mots. Item, que le bon plaisir &
vouloir du Roy fust de leur attribuer, & à leurs successeurs le titre & la
qualité de Treforier de France, & de Conseiller & General des Finances
en la charge & generalité en laquelle chacun d'eux seroit estably, pour
monstrer comme ils ne l'auoient plus auparauant, & leur auoit esté iuste-
ment osté par ledit Edict precedent de l'an 1551. & ne leur est accordé
par cét Edict de l'an 1552. que par vanité, pour les consoler en la perte &
priuation des effets desdits titres & qualitez qu'ils n'auoient & ne meritoient plus en effect par ledit Edict de 1551.

I

*Briefue deduction de quelques autres anciens droits ostez & re-
tranchez ausdits Tresoriers & Generaux des Finan-
ces, outre & en consequence des precedents.*

PREMIEREMENT il ne se trouue plus de Cheualiers ny gens de grande qualité qui se fassent pouruoir auiourd'huy comme anciennement de ces offices; ains y entrent facilement des Clercs, des Marchands,
des Commis de Partisants & autres semblables petits compagnons de
fortune: Ce qui auilit lesdits offices & retarde ceux de meilleure maison
& de plus honneste condition de s'en faire pouruoir si volontiers comme
autrefois: non pas que ce titre de Cheualier leur ait iamais appartenu ny
esté attribué à cause de leurs offices, ainsi qu'aucuns d'eux folement le
pretendent & tres-ignoramment, sous pretexte de ce qu'anciennement
aucuns d'eux ont eu par hazard ces deux qualitez en mesme tēps de Cheualier & de Tresorier ou General, non toutesfois en vne cumulatiue-
ment, mais l'vne apres l'autre & diuersement; pour ce qui s'en trouue vn
bien plus grand nombre de ceux qui n'ont iamais eu ce titre de Cheualier, que de ceux qui ayent eu les deux qualitez ensemble qui sont assez
rares: Et de fait par plusieurs Arrests defenses leur ont esté faites d'vsur-
per ny s'attribuer ceste qualité, quand aucuns d'eux l'ont voulu entreprendre; & recentement par Arrest de la Chambre des Comptes de
Montpellier du 20. Mars 1617. pareilles defenses sont faites aux Tresoriers Generaux de leur Generalité, à peine de mil liures d'amende: Ceux
de Paris les plus sages & plus eminents d'entr'eux ne l'entreprennent, ny
ceux qui leur ressemblent en prudence & modestie. En second lieu sont
priuez d'estre en la suite de la personne du Roy, & de l'entrée du Conseil
de sa Majesté qu'ils auoient anciennement honorable & quasi necessaire,
à cause du pouuoir & exercice de leur office qui estoit vniuersel & general par toute la France, pour ce qu'ils sont à present reduits & tres-
estroitement obligez à vne residence continuelle & perpetuelle en leurs
destroits & Prouinces: Et le mesme Conseil leur oste & retient encores
le pouuoir qu'ils auoient de bailler les grosses fermes du Royaume; de
faire toutes sortes de rabaiz & compositions; & de donner des respits;
termes & delais: En apres ils ne sont plus du corps de la Chambre des
Comptes, & n'y ont part ny entrée, soit comme Tresoriers de France,
pour ce qui est du Domaine, ny comme Generaux des Finances, pour
ce qui est de l'audition des Comptes, qu'on n'osoit auparauant clorre ny
arrester en ladite Chambre, sans leur presence ou consentement; comme il est porté par les Edicts de 1395. 1443. & 1444. Et maintenant ils
se contentent d'vn petit estat sommaire des comtables qui ne sert que par

maniere d’aquit, pour ce que la Chambre paſſé par deſſus en la reddition
des comptes, & le corrige comme il luy plaiſt : Et ne leur reſte entrée ne
ſeance en ladite Chambre que quand ils y ſont mandez, ou y ont quelque
aduis à donner des affaires de leur departement, & iamais qu’en la derniere place, quelque ancien qu’il puiſſe eſtre de reception, témoin le
ſieur de la Valliere Preſident des Treſoriers Generaux en Touraine, qu’ils
voulurent enuoyer priſonnier pour l’auoir entrepris & conteſté : Et combien qu’ils ſoyent tous receus & interrogez en ladite Chambre des Comptes ſeulement, n’oſent demander ny pretendre eſtre de leur corps, ny
de marcher auec eux aux aſſemblées publiques ny ailleurs, moins que les
Auditeurs & Correcteurs qui ne le ſouffriroient pas, ſi ce n’eſtoit apres
& derriere eux ; combien qu’ils ſoyent pareillement interrogez, de meſme ſçauoir, & de meſme parure d’habits les vns & les autres. Et en conſequence de ce, ils ont eſté auſſi iuſtement exclus de l’honneur qu’ils
auoient d’eſtre du corps de la Cour des Aydes, tant par l’ordonnance de
l’an 1549. qui n’y admet que ceux qui ſont interrogez ſur la loy, que
par celle de 1551. qui les deſtituë des fonctions & qualitez qu’ils auoient
pour en eſtre, ne leur reſeruant qu’vn droit d’entrée & ſeance en icelle
ſelon les occurrences, comme en ladite Chambre des Comptes, expreſſement reſtrainte & modifiée par l’Arreſt de verification d’icelle ordonnance faite en ladite Cour : Ont perdu pareillement le pouuoir qu’ils
auoient de corriger & interpreter les ordonnances, & d’y adjouſter,
comme auſſi de les verifier ; ladite Cour ſe l’eſtant reſerué à elle ſeule,
eſtant vniuerſelle & ſouueraine par deſſus tous leſdits Treſoriers Generaux, qui n’ont plus l’addreſſe deſdits Edicts & ordonnances que pour
les regiſtrer & executer comme les Eſleuz & Grenetiers & chacun en ce
qui eſt de leur reſſort ſeulement ; Teſmoin l’Arreſt de la Chambre des
Comptes de Montpellier cy deſſus cotté du 20. Mars 1617. par lequel
leur eſt enjoint à peine de mil liures en ces termes, de mettre dans les at-
taches qu’ils expedieront ſur les Edicts & Patentes qui leur ſeront addreſ-
ſez ces mots, Conſentons en tant qu’à nous eſt ; ainſi qu’il a eſté fait de
tout temps : Et quand ils voudroient entreprendre de les verifier ou mo-
difier comme les Cours Souueraines, cela ſeroit ridicule, pour ce qu’il
ſeroit ſujet à l’appel, comme eſt tout ce qui eſt par eux fait & ordonné,
n’eſtant ſouuerains en rien qui ſoit ; ainſi qu’il eſt amplement iuſtifié au
dernier chapitre de ce traitté : & qu’ainſi ne ſoit ont perdu de leur conſentement par le 6. art. de l’Edict de l’an 1552. qu’ils ont obtenu à leur
poſtulation & requeſte, le rang & preſeance qu’ils auoient eu iuſques-là
en l’addreſſe deſdits Edicts & lettres patentes. Pouuoient auſſi eſtablir ou
deſtituer toutes ſortes d’officiers inferieurs, les punir & corriger : & depuis que le Roy s’en eſt reſerué les prouiſions, ils en auoient encores ſeuls
les receptions, comme il ſe voit par les anciens prothocoles ; mais ils en

font à prefent deftituez, la reception de ceux des Finances ayant efté attribuée par leurdite fuppreffion à la Chambre des Comptes par les Edicts
de 1557. & 1565. & la reception de ceux de iudicature ayant efté confer-
uée à ladite Cour des Aydes, demeurée toufiours fouueraine, & feule
qui ait pouuoir de connoiftre & iuger en dernier reffort par deffus eux:
Mefmes qu'il fe voit depuis peu que les Treforiers de France à Tours
ayant ofé entreprendre, comme ils font communement des plus hardis
& entreprenans, de donner leur attache à vn nommé Grimaudet Receueur des Aydes de Saumur, auant qu'il euft efté receu en ladite Chambre des Comptes, Icelle Chambre decreta contre eux par fon Arreft du
15. Auril 1617. en ces mots : Apres auoir ouy Maiftre Macé Bertrand
l'vn des Treforiers Generaux de France à Tours pour ce mandé au Bureau, & auant faire droit fur la reception dudit Grimaudet, Eft ordonné
qu'à la requefte du Procureur General & diligence d'iceluy Grimaudet,
les Treforiers de France au Bureau des Finances audit Tours feront adiournez à comparoir en perfonne au mois en ladite Chambre par l'vn de
ceux qui ont figné la minutte de l'attache du 22. Decembre 1615. eftant
fur le reply des lettres de prouifion dudit Grimaudet, pour refpondre à
telles fins & conclufions que ledit Procureur General voudra contre eux
prendre : Et par autre Arreft du 10. Septembre enfuiuant audit an 1617.
eft derechef ordonné qu'à la requefte dudit Procureur General du Roy &
diligence dudit Grimaudet, defenfes feroyent faites aux Receueurs Generaux de payer les gages aufdits Treforiers Generaux de France à Tours,
iufques à ce qu'ils ayent comparu en perfonne par l'vn d'eux fuiuant ledit
Arreft du 15. Auril precedent. Partant ne leur eftant refté aucune Iurifdiction contentieufe, ny autre titre, marque, ny charactere de Iuges,
ny moyens de rien faire ordonner, ne iuger en fouueraineté comme ils
faifoyent & pouuoient auparauant en ce qui eftoit des Finances, ils doiuent reconnoiftre d'eux mefmes, que comme en tout & par tout ils font
inferieurs & fujets à correction en la Chambre des Comptes, pour ce qui
eft de l'ordre & ligne de compte, & receptions d'officiers de Finances:
Auffi pour tout le furplus font fujets à l'appel en ladite Cour des Aydes
[le Confeil priué n'ayant iamais eu aucun reffort d'appel] Bref qu'en vn
mot par le 16. article dudit Edict de 1551. ils ont perdu tous leurs anciens
priuileges & préeminences de Iuges fuperieurs & Generaux qu'ils
auoient, lefquels leur font de nouuel reftituez par le mefme art. en ces
mots : Lefquels entant que befoin feroit, qui eft à dire, en cas de refidence
& d'exercice en leurs Prouinces feulement, [comme il fe peut colliger du
commencement dudit art.] Nous leur auons de nouuel donnez & concedez tels & femblables que les ont nos officiers domeftiques & commen-
faux. La raifon en eft pertinente, pour ce qu'ils auoient efté deftituez des
plus belles fonctiõs de leurs charges, dont les Intendans ont efté reueftus.
                                                                              Et

Et en verité lefdits Intendans & autres du Confeil des Finances font auiourd'huy, & font tout ce qu'eftoyent & faifoyent lefdits Treforiers Generaux des Finances auparauant ledit Edict de l'an 1551. qui fe peut appeller proprement leur metamorphofe : car ils font vn corps vniuerfel de toutes les Finances de France, & ont eu vn Bureau premierement au Louure, depuis appellé le Bureau des Intendans : mais auiourd'huy la Chambre de la direction ou Confeil des Finances ; où fe fait tout ce que faifoyent lefdits Treforiers & Generaux de France, fe dreffent & arreftent tous les roolles & Eftats Generaux des Finances vniuerfellement pour toute la France, fe verifient & expedient tous mandemens & ordonnances des Finances, bref que lefdits Treforiers Generaux font tellement leurs inferieurs & foufmis en tout & par tout, qu'ils les ont reduits peu à peu & de temps en temps comme leurs fimples commis & executeurs de leurs mandemens par les Prouinces chacun au reffort de leur charge & Generalité : Et pour preuue & marque de cela, fe font attribuez les grands gages, droits & appointemens que prenoient lefdits Treforiers Generaux auparauant leurdite reduction de l'an 1551.

Le Treforier de l'Efpargne qui ne receuoit les deniers de fa charge que par les ordonnances & mandemens defdits Treforiers Generaux de France, a auiourd'huy luy feul non feulement le maniement & la garde de toutes les Finances de France, & l'entiere difpofition d'icelles par fes acquits & mandemens, au lieu d'eux, comme ils l'auoient toufiours euë iufques audit Edict de 1551. mais il les a rendus fes inferieurs & refponfables par deuant luy, obligez de luy enuoyer tous par chacun an les eftats de tout ce qui fe fait au deftroit & au reffort de leurs charges & Generalitez, & eft affis au Confeil des Finances du Roy pour fe plaindre d'eux, ou leur faire enjoindre & ordonner ce qu'il veut.

Bref, que lefdits Treforiers Generaux ne peuuent plus rien faire, iuger ny ordonner feuls, fans auoir des Iuges auec eux, & ne peuuent pas bailler feulement les fermes qu'auec les Efleuz, Maire & Efcheuins, & autres officiers des lieux, ny mefmes informer feuls fans adjoints, ny decreter aucune prouifion fur leurs informations, qui font les propres termes du 10. art. dudit Edict de l'an 1551. Et qui pis eft, ne peuuent plus ordonner des Finances que iufques à 450. liures par an en la plufpart de leurs Generalitez, & pour efcriture & meffageries feulement par l'ordonnance de l'an 1577. En fin fe void qu'ils font rendus inferieurs & refponfables, non feulement au Confeil du Roy, à la Chambre des Comptes, & à la Cour des Aydes [du corps defquels ils eftoyent & leurs égaux] mais encores aux Intendans des Finances qui ont efté fubrogez en leurs places, aux Treforiers de l'Efpargne, & aux Controlleurs Generaux des Finances, à tous lefquels ils doiuent par chacun & par chacune année enuoyer les eftats de ce qui fe fait en leurs charges & Genera-

20 *& dern.* lité , & rendre compte de ce qui leur eſt par eux ordonné : Et qui pis eſt,
art. ſont ſouſmis & aſſujettis au Solliciteur General des reſtes, auquel ils doiuent auſſi partie de leur miniſtere par Edict exprés de l'an 1573.

Qu'ils ſont Reſte à monſtrer comme ces Treſoriers de France & Generaux des Fi-
ſuperflus & nances , depuis que leur ancienne puiſſance & authorité a eſté quaſi to-
ſupprima- tallement ſupprimée par ledit Edict de l'an 1551. & transferée à d'autres
bles. par pluſieurs autres Edicts , ont eſté tellement multipliez de quatre iuſ-
1551. ques à deux cens qu'ils ſont auiourd'huy, & par ce moyen rendus ſi odieux
comme ſuperflus & inutiles , qu'en toutes les aſſemblées faites pour la
reformation du Royaume, il a touſiours eſté propoſé & ordonné de les
1566. reduire ou ſupprimer : Dés l'an 1566. aux grandes reformations faites
en l'aſſemblée des plus grands du Royaume à Molins , ils furent ſupprimez & reduits à ſept Generalitez ſeulement, & encores ordonné que les
retenus par icelle venans à vaquer par mort , ſeroit pourueu en leurs places par commiſſion ſeulement, & ſans qu'ils peuſſent reſigner. En l'an
1578. 1578. par Edict de Mars à la ſupplication des premiers Eſtats de Blois,
ils furent ſupprimez à reduits à trois , bien qu'ils n'euſſent eſté reſtablis
que l'année precedente par Edict de l'an 1577. Aux Eſtats de Blois de
1580. l'année 1580. art. 242. ils ſont ſupprimez & reduits à vn ſeul pour les
deux qualitez de Treſorier & General en chacune des Generalitez , qui
ſont auſſi reduites de vingt & vn à dix ſept. En Ianuier 1581. ils furent à la
verité reſtablis & multipliez , auec creation d'vn Preſident en chacun
Bureau : mais en l'an 1582. furent ſupprimez deux fois, par declaration
particuliere du 25. Iuin, & par Edict general du mois de Iuillet enſuiuant
1582. audit an 1582. où derechef eſt ordonnée la meſme ſuppreſſion des Eſtats
de Blois 1580. & y eſt oſtée la venalité des offices de Iudicature : Puis en
la grande aſſemblée de ſaint Germain en Laye par Edict de Decembre
1583. 1583. furent reduits à deux ſeulement en chacune Generalité , pour y
1584. exercer alternatiuement : Par autre Edict de Nouembre 1584. ils furent
reſtablis à leur requeſte au nombre de ſix pour exercer alternatiuement,
mais à la charge d'eſtre ſupprimez de leur conſentement, & reduits à vn
1588. ſeul ſuiuant les Eſtats de Blois 1580. Aux autres Eſtats de Blois 1588.
leur ſuppreſſion eſt requiſe par les cayers qui ne furent reſpondus à cauſe
des troubles ſuruenus pendant leſdits Eſtats : Apres leſdits troubles en
1598. l'aſſemblée de Roüen par Edict exprés de Decembre 1598. ils ſont reduits vne autre fois , & les Bureaux, Huiſſiers & autres droits ſupprimez,
& ordonné encores qu'ils ne ſeruiroient qu'alternatiuement : & n'ont
1608. eſté reſtablis qu'en l'année 1608. par Edict du mois de Nouembre. Et finalement par l'aſſemblée des trois Eſtats du Royaume en la ville de Paris
1614. en l'année 1614. & 1615. leur ſuppreſſion eſt requiſe conformément aux
Eſtats de Blois de l'an 1580. qui eſt de les reduire à vn ſeul.
1617. Et par l'aſſemblée des Notables à Roüen l'année derniere 1617. ſur la

vingtiéme & derniere propofition , fa Majefté eft fuppliée pouruoir à
leur fuppreffion fuiuant les Eftats de Blois 1580. Et fur ce fujet, ne fe doit
obmettre , ce qui fe trouue par écrit dans les remonftrances prefentées
au Roy Henry le Grand de la part de fon Parlement de Paris , par le feu
fieur de Harley premier Prefident d'iceluy , qui furent leuës en prefence
de fa Majefté à Fontaine-bleau l'an 1597. en ces mots page 31. de l'im-
preffion d'icelles : ce feroit encores vn grand moyen & fort affeuré , d'en-
treten la fuppreffion de tant d'offices inutiles , principalement de ceux
dont les gages montent à deux millions ou plus : & feroit vn bon ména-
ge de commencer , attendant le moyen de les rembourfer , à leur payer
l'intereft des fommes qu'ils auront actuellement financées , au denier
douze : ou reduire leurs gages à cefte raifon : Comme pour exemple enuiron deux cens Treforiers de France qui ont chacun mil efcus de gages,
& n'ont payé au Roy ou à ceux qui en ont eu les dons , que cinq mil efcus
plus ou moins : reduifant leurs gages comme aux autres femblables à la
moitié , le Roy gaigneroit plus d'vn million d'or par chacun an , & fans
iniuftice.

K ij

CHAPITRE CINQVIESME,

Du rang & de la preseance qu'ont perdu lesdits Generaux des Finances, estans deuenus Prouinciaux, au lieu de Generaux : Et inferieurs, au lieu de superieurs qu'ils estoyent.

Es grandes pertes & diminutions que ces Tresoriers Generaux des Finances ont souffert des plus belles fonctions & dignitez de leurs charges, comme il est iustifié au Chapitre precedent, pourroient suffire pour les conuaincre de la perte qu'ils ont consequemment faite de leur rang & preseance en la Cour des Aydes, en corps & en particulier : mais puis qu'ils cedent à ladite Cour en corps comme force leur est, en ce qu'il est ainsi ordonné par le 6. article qui leur a esté accordé à leur requeste en l'Edict de 1552. il reste à les forcer de le reconnoistre aussi pour ce qui est de leurs personnes singulieres, qui est le seul differend, auquel aucuns d'entr'eux se trompent auiourd'huy, qu'il leur faut éclaircir.

Premierement, qu'ils soyent du corps de ladite Cour, ils ne peuuent se le promettre, & ne le doiuent iamais esperer : l'Edict de 1549. qui n'y admet que ceux qui sont interrogez sur la loy, les en exclud du tout, comme vn pareil Edict fait peu auparauant pour le Parlement, en a du tout exclud les Euesques, Abbez, Prieurs, Doyens, & plusieurs autres qui y auoient entrée sans examen : Et quand bien nonobstant ledit Edict, il leur en resteroit quelque opinion ou vaine esperance, l'Edict de l'an 1551. la leur doit entierement faire perdre & quitter, non seulement en ce qui leur a du tout osté leur ancienne authorité & puissance superieure auec la faculté de plus s'assembler en corps, ny de plus rien ordonner, entreprendre ou reconnoistre de ce qui est du general & vniuersel de toute la France, les reduisant de Generaux qu'ils estoyent pour toute la France en Prouinciaux, pour connoistre en detail & en particulier seulement ce qui est des Prouinces à part, ausquelles ils sont departis & distribuez, comme il est amplement deduit au Chapitre precedent : Mais principalement en ce que par ledit Edict de 1551. & tous ceux qui s'en sont ensuiuis, il leur est tres estroitement & tousiours enjoint de faire residence actuelle & continuelle és Prouinces qui leur sont departies, esquelles seules l'exercice de leurs charges est restraint, sans qu'ils ayent aucun pouuoir, authorité, ny fonction hors le ressort de leursdits territoires : Tellement

qu'il

qu'il feroit impoſſible qu'ils peuſſent eſtre receus ny admis au corps de ladite Cour, ſans pecher contre leſdites Ordonnances de reſidence, ny qu'ils y peuſſent auoir aucune voix ny authorité, puis qu'elle leur eſt reſtrainte dans le deſtroit de leurs Prouinces & Generalitez, hors le reſſort deſquelles ils n'ont aucun pouuoir ny exercice de leurs offices en effeċt ny en qualité.

Et s'ils pouuoient pretendre eſtre du corps de quelque Compagnie ſouueraine (ce qui n'eſt & ne peut-eſtre pour vne infinité de raiſons & d'incompatibilitez) ce feroit pluſtoſt de la Chambre des Comptes que de la Cour des Aydes : Ils ont vne Ordonnance qui le dit par expres : C'eſt celle de Ianuier 1586. donnée en conſequence de l'Ediċt de leur reſtabliſſement fait en Auril 1585. portant augmentation du nombre deſdits Treſoriers Generaux des Finances iuſques à neuf en chacun Bureau, y compris la qualité de Preſident qui y eſt reſtablie : Par laquelle Ordonnance de l'an 1586. art. 7. eſt dit en ces mots : Et d'autant que leſdits offices de Treſoriers Generaux ſont des plus anciens de noſtre Couronne, & du nombre de nos Commenſaux, & meſme du corps de noſtre Chambre des Comptes à Paris, en laquelle de toute ancienneté ils ont eu ſeance : Nous leur auons accordé par le preſent Ediċt pareils droits, & ſemblables priuileges que les Roys nos predeceſſeurs & nous, auons concedez à noſdits Gens des Comptes.

Et par toutes les Ordonnances de la creation & multiplication de leurs Offices & de leur reſtabliſſement, il eſt touſiours dit qu'ils doiuent tous eſtre receus & interrogez en ladite Chambre des Comptes, & ne s'en trouue vn ſeul qui puiſſe exercer ſon office qu'il n'ayt eſté receu & interrogé en ladite Chambre des Comptes, il ne s'en reçoit plus en ladite Cour des Aydes, pour eſtre du corps, puis qu'ils n'y peuuent eſtre interrogez ſuiuant l'ordonnance ſuſdite de l'an 1549. & pretendent encores n'y deuoir aucun examen ny ſerment : Teſmoin la Iuſſion dont il ſera parlé cy-apres, par eux obtenuë le 25. May 1578. qui porte par expres qu'ils ne ſoyent abſtraints à aucun ſerment ny examen en ladite Cour, attendu qu'ils y doiuent ſatisfaire pour l'vn & pour l'autre à leurs receptions en noſtre Chambre des Comptes (dit ladite Iuſſion :) Comment ſe pourroit-il donc faire, qu'ils fuſſent du corps de ladite Cour des Aydes, veu qu'ils ſont & deuroient eſtre en effeċt du corps de ladite Chambre des Comptes ? Et ſi ladite Chambre qui les reçoit & interroge, ne les veut reconnoiſtre & admettre en leurs corps (car les Correċteurs & Auditeurs receus & interrogez comme eux ne les y ſouffriroient pas, ſinon pour marcher apres eux :) Comment ſe pourroit-il faire, que la Cour des Aydes qui ne les interroge ny reçoit, les peuſt admettre en leur Corps ? Ceux de la Chambre qui ſont de meſme parure d'habits & de pareille litterature par leurs examens & interrogatoires, ne les veulent admettre en leur Corps, ny mefmes apres le dernier receu de la Chambre : Comment pourront-ils eftre au Corps de ladite Cour, habillez de court en fi grand nombre qu'ils font iufques à deux cens, au milieu des robbes longues & d'efcarlatte qui ne font en tout que trente, & y marcher encores au deffus des Confeillers, où nul n'eft admis ny receu qu'il ne foit rigoureufement interrogé fur la Loy, & tres-capable de Iudicature?

Ce premier point eftant prefuppofé, qu'ils ne font & ne peuuent eftre du Corps de la Cour des Aydes, le refte eft de facile preuue & confequence neceffaire, qu'ils ne peuuent & ne doiuent preceder les Confeillers d'icelle en particulier, non plus qu'en corps, ny en quelque façon & confideration que ce foit : Et pour ce qu'ils pretendent neanmoins, non pas tous, ny les plus anciens, mais aucuns d'eux feulement, eftre bien fondez en ladite prefeance, tant par les Edicts & Arrefts du Confeil, que par vne certaine poffeffion qu'ils mettent en auant : C'eft ce qu'il faut examiner.

Ils n'ont que deux Edicts qui en ayent iamais fait mention, celuy de 1552. art. 6. & 10. & celuy de 1577. art. 13. aufquels la refponce eft facile.

Celuy de 1552. monftre bien clairement comme par l'Edict precedent de 1551. ladite prefeance leur auoit efté entierement & iuftement oftée; puis que par iceluy ils auroient efté priuez de plus pouuoir s'affembler en Corps, ny de plus auoir aucune Iurifdiction ny authorité fouueraine, ny de generale & vniuerfelle par tout le Royaume, comme ils auoient auparauant, eftans deuenus de Generaux, Prouinciaux, reftraints & releguez par leurs Prouinces & Generalitez feulement pour y refider, & eftre priuez de tout exercice & pouuoir ailleurs hors leurdit reffort : Tellement qu'ils font reduits & contraints par ce fecond Edict de 1552. de requerir & fupplier ladite prefeance leur eftre reftituée, ce qui leur eft accordé de nouueau efdits 6. & 10. articles dudit Edict : mais par faueur feulement, & fans leur reftablir & reftituer les caufes & raifons pour lefquelles ladite prefeance leur auoit efté iuftement oftée : Aufquels deux articles neanmoins y a double refponce.

La premiere, que comme le Roy a donné ledit Edict de l'an 1552. fous l'aduis premierement de fon Confeil, il le foufmet auffi par apres à la modification des Cours fouueraines, aufquelles il mande de le verifier à cet effect, fans laquelle verification, qui fait partie de l'Edict, il ne peut eftre executé, publié ny accomply. Or eft-il que la Cour ne l'a verifié qu'à cefte condition portée par fon Arreft de verification du 22. Feurier 1552. en ces mots : Et auffi à la charge quant aux 6. & 10. art. Que lefdits Treforiers Generaux feront le ferment en ladite Cour : Et qu'eux eftans & feiournans en cefte Ville de Paris, pourront entrer en icelle Cour aux heures accouftumées pour y faire remonftrance, & l'aduertir des chofes qu'ils verront eftre neceffaires en traittant les affaires de leurs charges,

& auront eſdites remonſtrances & affaires ſeulement, & non en autres
choſes, voix & opinion deliberatiue & ſeance apres les Conſeillers &
Generaux de ladite Cour, qui de preſent ſont & feront à l'aduenir eſtablis pour le fait & exercice de la Iuſtice, ſans preiudice toutesfois des
droits & préeminences des quatre Generaux anciens pourueus & receus
auant ledit Edict de creation nouuelle, leſquels ioüiront de leurs prerogatiues accouſtumées, tant & ſi longuement qu'ils demeureront eſdits
offices; & non leurs ſucceſſeurs : Ce qui monſtre clairement comme la
preſeance leur eſt iuſtement oſtée, & ne doiuent marcher qu'apres les
Conſeillers de ladite Cour. Et ne ſe trouuera point que iamais ils ayent
reſiſté ny deſobey audit Arreſt de modification, ny qu'ils ayent entreprins au contraire, par Iuſſion ny autrement.

L'autre raiſon eſt, que par ledit Edict de 1552. eſt dit, que leſdits Treſoriers Generaux ne precederont pas ſeulement les perſonnes ſingulieres
des Conſeillers de ladite Cour, mais les Maiſtres des Comptes; & les
Conſeillers de Parlement, & par conſequent il n'eſt pas raiſonnable que
comme ils n'oſeroyent entreprendre contre aucun de Meſſieurs du Parlement ny de la chambre des Comptes, non pas meſmes des derniers receus, ils le puiſſent ny doiuent entreprendre contre aucun de ladite Cour
des Aydes; ledit article eſtant égal & commun à tous ceux deſdites trois
Compagnies, & ſe trouuant auſſi également rejetté & modifié par les
Arreſts de chacune d'icelles. A quoy ſe peut adjouſter l'Arreſt du grand
Conſeil contradictoirement donné en plaine Audience & auec grande
connoiſſance de cauſe le dernier Feurier 1617. par lequel fut ordonné,
que les Aduocats Generaux du Roy en ladite Cour des Aydes à Paris precederoient les Preſidents de la Cour des monnoyes : Et par conſequent
qu'ils doiuent preceder auſſi leſdits Treſoriers Generaux, qui ſont prece-
dez par leſdits Preſidents des monnoyes au meſme 6. art. dudit Edict de
l'an 1552. obtenu par iceux Treſoriers Generaux à leur poſtulation & de
leur conſentement, auquel ils ne peuuent conſequemment reſiſter, ains
ſont obligez d'y obeir.

Les deux meſmes reſponces ſe peuuent auſſi rendre & oppoſer contre
l'autre Edict de l'an 1577. dont ils ſe veulent preualoir comme de celuy
de 1552. car la Cour par ſon Arreſt de verification, l'a expreſſement modifié auſſi bien que celuy de 1552. Et quand bien leſdits Treſoriers Generaux ne voudroient deferer audit Arreſt de modification; on leur diroit,
que ledit Edict de 1577. portant ces mots art. 13. Voulons qu'ils ayent
entrée, ſeance & voix deliberatiue en nos Chambres des Comptes, comme les quatre anciens Treſoriers de France ſouloient auoir ; Et en nos
Cours des Aydes, comme les quatre anciens Generaux des Finances:
Pourquoy cet Edict ſera il pluſtoſt obſerué en la Cour des Aydes qu'en
la chambre des Comptes, puis qu'il y a pareille raiſon ? Et que comme

ils le cedent à l'vn, ils le doiuent ceder à l'autre.

Car il est inaudit, qu'aucun Treforier General ait iamais entreprins la preseance contre vn Maistre des Comptes, non pas contre le dernier receu : Pourquoy plustost contre vn Conseiller de la Cour des Aydes? Estant notoire, que comme entre vn Conseiller de Parlement & vn Maistre des Comptes, aucun autre officier, quel qu'il soit, ne se peut interposer : Ainsi entre vn Maistre des Comptes, & vn Conseiller de la Cour des Aydes, nul ne peust auoir place ny rang : Pour ce que ces trois Cours souueraines s'entresuiuent, & se sont ainsi de tout temps accompagnées en public & en particulier és processions, enterrements & par tout.

Il est vray que lesdits Treforiers Generaux de France font grand-cas d'vne Iussion qu'ils ont obtenuë le 25. May 1578. pour faire leuer les modifications faites par ladite Cour sur ledit Edict de l'an 1577. mesmes pour le regard de ladite preseance : Contre laquelle Iussion se peuuent apporter plusieurs responses.

Premierement que ceste Iussion a esté extorquée par importunité, pour toucher & receuoir plus promptement & facilement les deniers promis par le Partisan, auquel cet Edict (vrayement & seulement bursal) de l'an 1577. n'auoit esté baillé, que pour auoir de l'argent : Et aussi tost aussi, ceste Iussion fut verifiée par commandement absolu : Et comme desraisonnable n'a iamais esté executée, ainsi qu'il aduient assez souuent de telles Iussions.

Et de fait, lesdits Treforiers Generaux sçauent bien, que combien que par ceste mesme Iussion dont ils se veulent preualoir, soit mandé à ladite Cour, de ne les priuer des droits qui leur sont attribuez en chacun Bureau par ledit Edict de 1577. à prendre sur les amendes de ladite Cour; neanmoins la verité est, qu'ils n'en ioüissent point, nonobstant ladite Iussion, laquelle est à present du tout esteinte & sans effect pour ce regard aussi bien que pour ladite pretenduë preseance, d'autant que la Cour ne l'a iamais verifiée, mais seulement regiftrée par forme d'acquit, & pour le seul respect de l'expres commandement du Roy, en ces mots, Du tres-expres commandement du Roy par plusieurs fois reïteré, tant de bouche qu'autrement : Ce qui fut fait mesmes sans conclusions des gens du Roy, & sans assembler les Chambres, comme il eut esté necessaire en tel cas: Aussi que la Cour par l'Arrest d'enregistrement d'icelle Iussion, adiouste ces mots, aux charges contenuës en l'Arrest d'icelle, Qui est à dire, qu'elle n'a approuué ny verifié ladite Iussion, mais seulement icelle Regiftrée sans se departir du precedent Arrest.

D'ailleurs est à sçauoir, que sur le refus fait par ladite Cour d'entrer en aucune verification dudit Edict de l'an 1577. pour les difficultez & preiudices qui en furent remonstrez au Roy, il fut contraint par autre Edict du mois de Mars 1578. (mettant en confideration lesdites remonftran-

ces,

ces, comme auſſi le contenu des cayers à nous preſentez, dit ledit Edict,
par les Deputez de noſtre Royaume, en ce qu'ils requeroient la ſuppreſſion de tous nouueaux Offices,) de ſupprimer & reduire leſdits Offices
de Treſoriers Generaux des Finances, au nombre de trois ſeulement; &
de reuoquer encores la creation de deux Huiſſiers & de pluſieurs autres
droits & authoritez qu'il leur auoit attribuez par l'autre Edict de l'an
1577. ſans laquelle nouuelle Declaration expreſſement faite en forme
d'Edict: La Cour n'euſt iamais entré en la verification de celuy de 1577.
comme elle le fit ſeulement, aux charges & conditions portées par ledit
Edict ou Declaration de Mars 1578. par ſon Arreſt du 14. May ſuiuant
audit an 1578. par lequel neanmoins elle adiouſta la modification pour
leur preſeance, encores qu'ils fuſſent reduits audit nombre de trois : ſur
laquelle modification libre & permiſe de tout temps aux Cours ſouueraines, par les voyes ordinaires de la Iuſtice, fut obtenuë ladite Iuſſion du
25. dudit mois de May, pour faire leuer leſdites modifications de puiſſance abſoluë, à laquelle fallut fléchir pour le reſpect de la volonté ſouueraine du Prince, & pour la neceſſité de ſes affaires : mais ſans autre conſequence ny obligation de l'obſeruer par apres : Au contraire, aux charges
du precedent Arreſt, comme dit eſt.

Vne autre reſponce ſeroit conſiderable, quand les deux precedentes
ceſſeroient : Que ceſte Iuſſion, quand il la faudroit prendre a la lettre &
à la rigueur, porte ces mots ; De faire ioüir leſdits Treſoriers Generaux
nouueaux, de ſeance en noſtredite Cour, au meſme rang que les anciens
Treſoriers Generaux, à l'inſtar deſquels ils ſont creez ou pluſtoſt reſtablis, ſans les aſtraindre à nouueau ſerment, ny examen ; or il n'eſt pas
dit au meſme rang que les quatre anciens Treſoriers de France ; car ils
n'eurent iamais ſeance ny entrée en ladite Cour, ny au meſme rang que
les quatre anciens Generaux des Finances à part & diſtinctement ; car il
n'y en auoit plus, & eſtoient decedez depuis l'Edict de 1551. mais ſeulement au meſme rang que les anciens Treſoriers Generaux conjointement, à l'inſtar deſquels ces nouueaux ſont creez, reſtablis & augmen,
tez : Ce qui monſtre que ladite Iuſſion ne ſe doit entendre, ſinon du rang
& ſeance deſdits Treſoriers Generaux vnis enſemble par l'Edict de 1551,
à l'inſtar deſquels ces nouueaux de l'Edict de 1577. ſont creez & augmentez ; ce qui leur eſt accordé : mais cela ſe doit executer conformément à
l'Arreſt de verification du 22. Feurier 1552. qu'ils n'ont iamais debattu
ny conteſté : Ioint que cet Edict de 1577. quand il le faudroit prendre
auſſi a la lettre & à la rigueur, ne fait aucune mention de preſeance en
particulier ; mais ſeulement il donne entrée & ſeance auſdits Treſoriers
Generaux nouuellement creez, reſtablis & augmentez audit an 1577.
en la Cour des Aydes, & en la chambre des Comptes, comme auoient
les anciens Treſoriers de France & Generaux des Finances, eſtant reünis

enſemble en l'an 1551. pource qu'ils auoient eſté deſ-vnis dés l'an 1557. iuſques audit an 1577. par l'eſpace de 20. ans : Laquelle entrée & ſeance ne leur eſt deniée, non plus en la Cour des Aydes qu'en ladite chambre des Comptes, ſuiuant les precedents Edicts & Arreſts ; qui portent par expres, quand ils y ſeront mandez ou y auront à faire quelques propoſitions ou remonſtrances, pour ce qui eſt de leurs charges : Mais que pour cela, ils puiſſent tirer à conſequence qu'ils ſoyent du Corps deſdites Compagnies, ny qu'ils les doiuent preceder ailleurs, nulle apparence: Ils ne ſe plaignent ny l'entreprennent contre la chambre des Comptes, où ils ſont interrogez & receus ; Pourquoy pluſtoſt contre la Cour des Aydes, où les Treſoriers de France n'eurent iamais de ſeance ny entrée quelconque, comme ils l'ont eu en ladite chambre de tout temps, ainſi que leſdits Generaux des Finances ſeuls l'auoient en ladite Cour? Et l'ont pareillement les Conſeillers des autres Cours des Aydes de Mont-pellier, de Prouence, de Roüen & autres, quand ils demandent entrée en ladite Cour pour quelques affaires ou conferences, on leur y donne ſeance honorable, ſelon leur aage au milieu des Conſeillers de ladite Cour ; & neanmoins ailleurs en particulier, le dernier receu en ladite Cour precede le plus ancien des autres Cours des Aydes, comme il s'obſerue au Parlement de Paris; pource que chacun en ſa maiſon & chez ſoy, defere & fait honneur aux eſtrangers qui y ſuruiennent.

Se peut dire encores, que ladite entrée & ſeance leur auroit eſté accordée en conſideration ſeulement de leur reduction à vn petit nombre de trois, portée par ledit Edict de Mars 1578. mais que leur nombre effrené de 200. auiourd'huy, eſt inſupportable : Comme auſſi, leur authorité & puiſſance eſtant diuiſie & diuiſée en ſi petites parcelles, puis communiquée & aſſociée auec les Iuges inferieurs, eſt du tout incompatible auec l'eſcarlate & ſupereminence de Iuges ſouuerains; eux qui ne ſont plus auiourd'huy qu'en qualité de Iuges inferieurs, ſans Iuriſdiction contentieuſe, ſujets à l'appel en tout ce qu'ils ordonnent & entreprennent. Ioint que depuis ladite Iuſſion, ils ont tant de fois eſté ſupprimez, reſtablis & multipliez, qu'ils ne ſont plus ce qu'ils eſtoient lors de ladite Iuſſion : Ce ſeroit trop entreprendre de vouloir pretendre l'honneur, le rang & la preſeance, apres en auoir perdu les titres, les fonctions & les merites : Ce ſeroit faire viure les corps ſans ames: Il vaudroit autant remettre les Pairs, les Barons, les Cheualiers de l'Eſtoille & de l'Ordre ſaint Michel, en tels grades & rangs auiourd'huy, qu'ils l'eſtoyent du temps de Charlemagne, de ſaint Louys, du Roy Iean, & du Roy Louys XI.

Pour le ſecond poinct, concernant les Arreſts du Conſeil, dont leſdits Treſoriers Generaux ſe veulẽt preualoir; il eſt vray ſemblable qu'il n'y en a que trois : pource que s'il y en euſt eu dauantage, celuy qui les a fait imprimer, publier & ſignifier, ne les euſt obmis, tant il a de zele en cet endroit.

Le premier, eſt donné ſur leur requeſte, le 26. Iuin 1610. par lequel eſt ordonné, que deux des Treſoriers Generaux de Paris, auroient rang à l'enterrement du feu Roy, entre les Preſidents &. Conſeillers de ladite Cour: Auquel Arreſt y a double reſponce ; la premiere qu'il eſt donné ſur requeſte ſeulement, qui eſt aſſez dire ; par precipitation, le Samedy 26. iour de la ſemonce dudit enterrement, ſans ouyr les Deputez de ladite Cour, comme ſe voit au veu dudit Arreſt ; duquel pourtant ceux qui l'auoient donné vray-ſemblablement euſſent eſté démus, s'ils euſſent entendu leurs raiſons, qui furent ſi grandes & ſi fortes en effect, que contre icelles, il ne ſe trouua perſonne qui vouluſt entreprendre l'execution dudit Arreſt, qui ne leur ſeruit de rien : Comme il eſt difficile auſſi, de tenir telles requeſtes ainſi reſponduës pour Arreſts en matiere de telle conſequence contre le corps d'vne Compagnie ſouueraine, & telle reconnuë depuis prés de 300. ans.

L'autre reſponce eſt, que par le veu dudit Arreſt, on voit qu'il eſt fondé, tant ſur les Edicts de 1552. & 1577. & la Iuſſion du 25. May 1578. à quoy il a eſté cy-deſſus amplement ſatisfait, que ſur l'ancienne poſſeſſion, en laquelle ils pretendent auoir eſté & deuoir eſtre continuez : En quoy ſera monſtré par le dernier article de ce chapitre, qu'ils ſont grandement trompez, & que par conſequent ledit prerendu premier Arreſt eſtant ſans fondement, ne peut ſubſiſter.

Ioint que pour monſtrer que tels Arreſts donnez trop facilement ſur requeſte, ſans ouyr les parties, ſont de peu de conſideration ; on peut remonſtrer, que par autre Arreſt dudit Conſeil donné le 6. Auril 1610. peu auparauant, ſur la requeſte de Maiſtre I. de Bragelogne Treſorier General à Moulins, ſe plaignant de ce que Monſieur Boüete Conſeiller en ladite Cour, l'auoit precedé en l'enterrement d'vn nommé Bordier, & de ce que ladite Cour auoit decreté contre luy & autres, pour auoir voulu reſiſter & entreprendre ladite preſeance, le Conſeil lors n'en voulut ſi promptement rien preiuger ſur ladite requeſte, mais ſeulement ordonna que les parties ſeroyent ouyes, comme il eſtoit preallable, & ſe pratique en toutes Compagnies ſouueraines.

Et non ſeulement par cet Arreſt du Conſeil du 6. Auril, precedant d'enuiron ſix ſemaines celuy dont leſdits Treſoriers Generaux veulent faire ſi grand fondement, qui eſt dudit 26. Iuin enſuiuant, mais par autre Arreſt dudit Conſeil ſubſequent de 10. ou 12. iours ſeulement, donné ſur la requeſte d'autres Treſoriers Generaux à Lyon le 8. Iuillet de la méſme année 1610. ſe peu voir le peut d'apparéce qu'il y auoit de deferer audit Arreſt dudit 26. Iuin precedent, en ce qu'il eſt ordonné que les Preſident & Lieutenant General en la Seneſchauſſée de Lyon precederoient leſdits Treſoriers Generaux audit Lyon en toutesles aſſemblées generales, & n'y euſt iamais officier de Preſidial en France quel qu'il ſoit ; qui

vouluſt entreprendre de preceder le dernier Conſeiller de la Cour des
Aydes : Ce qui ſert pour monſtrer comme tels Arreſts ſur requeſtes, ne
peuuent ſeruir de reglement ny de loy incommutable, pour la facilité
qu'il y a de les obtenir & les reuoquer.

Le ſecond Arreſt duquel ſe veulent preualoir leſdits Treſoriers Generaux des Finances, eſt celuy obtenu par le ſieur le Tanneur en ſon fait
meſmes, auſſi ſur ſa requeſte le 14. Decembre 1610. Par lequel il ſe fait
donner la preſeance en tout & par tout : Contre lequel il ſe peut dire,
qu'eſtant donné ſur requeſte comme le precedent, ſans ouyr les parties,
& en conſequence d'iceluy precedent Arreſt, & ſur les meſmes fonde-
mens qui ont eſté refutez, il ne ſe peut ſouſtenir non plus que l'autre, &
eſt de pareille ou moindre conſideration : Car ledit le Tanneur eſt Greffier du Conſeil, qui taiſant ſa qualité, a obtenu ledit Arreſt comme pour
luy meſmes : pour preuue dequoy ne faut employer que la ſeule lecture
d'iceluy, ou ſe trouuera qu'au lieu d'y rapporter les concluſions de la requeſte ſommairement, comme il ſe fait en tous autres Arreſts, il y a prés
d'vne page qui contient pluſieurs iniures & opprobres qu'iceluy le Tanneur a voulu propoſer contre ladite Cour, l'accuſant de deny de Iuſtice,
& d'eſtre tous Iuges & parties en leur fait, auec expoſition de pieces &
d'exploits, par leſquels il veut imputer au Conſeil d'auoir iugé par forcluſion contre le Procureur General de ladite Cour des Aydes : choſe qui
ne ſe vid iamais, de iuger par forcluſion contre vn Procureur General,
qui eſt cenſé touſiours preſent, & ne ſe peut abſenter ny forclorre, ſe
trouuant touſiours deux Aduocats Generaux au lieu de luy, principalement en tels affaires, où il faut vſer du miniſtere de la parole qui leur appartient pour defendre les droits & prerogatiues du Roy & de ladite
Cour. Et n'eſt croyable qu'aucun des trois ayent iamais eſté mandez au
Conſeil vne ſeule fois, qu'ils ne s'y ſoyent preſentez ; joint qu'il eſt donné au Conſeil des Finances, & expedié par vn des Secretaires des Finan-
nances, où pluſieurs de ceux qui y aſſiſterent eſtoient reculables en ceſte
queſtion, comme proches parens deſdits Treſoriers Generaux des Finances, & dans les degrez de l'Ordonnance ; & non au Conſeil d'Eſtat,
en preſence du Roy, ou de la Royne lors Regente, de Meſſieurs les Princes & Officiers de la Couronne, où tels differens ſe doiuent iuger, pour
condamner des Cours ſouueraines, & regler telles preſeances, qui n'ont
peu ny deu eſtre honneſtement ny iuridiquement iugées audit Conſeil
des Finances.

Auſſi que ledit Arreſt ſe deſtruit de luy-meſme, attribuant audit le Tanneur, la preſeance en ladite Cour ; tant aux audiences, qu'en la Chambre du Conſeil, comme eſtant du corps d'icelle Cour [dit ledit Arreſt :]
tellement qu'ayant eſté cy-deuant monſtré, qu'il n'eſt, ny ne peut eſtre
du corps de ladite Cour, il eſt de conſequence neceſſaire que ledit Arreſt

ne

ne peut subfifter, & fi ledit le Tanneur pouuoit auoir telle prerogatiue
qu'elle eft portée par ledit Arreft, qui feroit celuy des deux cens autres
Treforiers des Finances qui n'en voudroit auoir autant que luy? La Table
de marbre de la grãd falle du Palais ne fuffiroit pas pour tenir les Audiences, & ne faudroit plus eftudier en ladite Cour des Aydes, fi lefdits Treforiers en fi grand nombre y pouuoient entrer indifferemment. Et ce qui
feroit encores plus abfurde, fi ledit Arreft auoit lieu, chacun defdits Treforiers des Finances qui eft reduit & reftraint par toutes les Ordonnances
de leurs reftabliffements cy deuant reprefentées, dans fa Prouince appellée Generalité, hors laquelle il n'a aucune efpece de pouuoir ny Iurifdiction, par cet Arreft fur requeftes auroit aquis vn nouueau droit de Iurifdiction fur toute l'eftenduë de la Cour des Aydes de Paris, qui contient
10. ou 12. de leurs Generalitez : Les Magiftrats n'ont point de pouuoir
hors de leur territoire par les loix, & par vn Arreft fur requefte, ces Treforiers auroient acquis plus de pouuoir de Iurifdiction & d'authorité hors
de leur reffort & territoire, qu'ils n'en ont par les Ordonnances & dans
iceluy feulement, où ils n'ont aucune connoiffance de Iurifdiction contentieufe, ny des matieres criminelles encores moins : & par cet Arreft
ils auroient acquis tout cela, voire auec pouuoir d'y prefider en l'abfence
des Prefidents, fi la prefeance qui leur eft donnée par cet Arreft, au deffus de tous les Confeillers auoit lieu : Il y en a peu d'entr'eux qui l'ofaf-
fent entreprendre, & peut-eftre ledit le Tanneur feul, mais il n'y en a vn
feul qui le puiffe faire, & ledit le Tanneur moins quafi que tous les autres.

D'ailleurs, iceluy le Tanneur ne feroit receuable en fa pretention eftant
Greffier du Confeil, qui font deux offices incompatibles, l'vn qui l'obli-
ge de refider fur les lieux, & l'autre pour lequel il doit feruice actuel par
quartier à la fuitte du Confeil, & y refider par apres pour l'expedition des
Arrefts, dont il retient & garde les minutes & regiftres : Comment auffi
pourroit ledit le Tanneur eftre receu en ladite Cour audit office auquel il
pretend vne telle prefeance, & de iuger en tous affaires, affis & conueri;
veu que s'il y venoit comme Greffier de la part du Confeil mefmes, ou
autres de fes confreres, il faudroit qu'ils y parlaffent debout, & nuë tefte;
comme il eft aduenu, & peut aduenir fouuent ? Les Greffiers ne font que
pour écrire & figner ce qui eft ordonné, & receuoir les commandemens
des Iuges; & ledit le Tanneur Greffier, veut eftre des premiers Iuges d'vne
Compagnie fouueraine, & y opiner en tous affaires, & en dernier reffort; ce qu'aucun de fes confreres n'a iamais entrepris : Tellement que
contre ledit Arreft donné fur requefte, ne faudroit qu'vne autre requefte
pour monftrer comme il a efté donné fans contradicteur.

Le troifiéme & dernier Arreft du Confeil, dont fe veulent preualoir
lefdits Treforiers Generaux, ou ceux d'entr'eux qui l'ont fait imprimer
auec les deux precedens, eft du 25. Octobre 1611. qui femble auoir efté

contradictoirement donné contre la Cour des Aydes de Mont-pellier,
pour la preseance de deux desdits Tresoriers de Mont-pellier seulement,
au dessus des Conseillers de ladite Cour ; & neanmoins la verité est qu'il
a esté donné contre lesdits Officiers de ladite Cour de Mont-pellier par
grande precipitation, sur vne simple production faite à la legere par leur
Procureur en leur absence, sans qu'aucun d'eux ait esté ouy, sans contredits, ny sans forme de procez ; & à Fontainebleau, où lesdits Tresoriers
font ordinairement & plus aisément leurs cheuauchées, que les Officiers
de la robbe qui n'y voyagent si facilement, ny si volontiers ; & neanmoins le Procureur General de ladite Cour enuoyé expres, presenta requeste à ce qu'il fust surcis au iugement dudit differend, iusques à ce que
les Officiers de la Cour des Aydes à Paris, & ceux de la Chambre des
Comptes audit Mont-pellier eussent esté appellez & ouys, pour l'inte-
rest qu'ils auoient audit differend du tout pareil & inseparable ; auec pro-
testation de ne proceder ny defendre audit differend, qu'ils n'eussent esté
appellez, pour éuiter à la diuersité des Arrests, & à l'impossibilité d'executer celuy qui pourroit interuenir au preiudice de ladite Chambre des
Comptes de Mont-pellier, le dernier Maistre de laquelle precede lesdits
Tresoriers sans contredit ; & font les Maistres de ladite Chambre prece-
dez par les Conseillers de ladite Cour des Aydes dudit lieu, & de leur
consentement ; au preiudice de laquelle requeste, & sur le rapport d'icelle, & sans y faire droit, fut ledit differend iugé par precipitation, & sans
les legitimes deffenses des Officiers de ladite Cour des Aydes.

Lequel Arrest d'ailleurs, n'est fondé comme il se voit par le veu d'iceluy, que sur deux principales pieces qui le rendent sans aucune consequence : La premiere, font les articles accordez entre ladite Cour des
Aydes de Mont-pellier, & les Tresoriers Generaux de ladite Prouince le
16. May 1610. registrez en ladite Cour le lendemain 17. May. Ce qui
monstre bien que ledit Arrest donné en consequence desdits articles accordez, ne peut preiudicier à ladite Cour des Aydes de Paris, qui n'a iamais accordé de pareils articles : l'autre piece qui sert de fondement &
de necessité audit Arrest, & l'autre precedent Arrest du Conseil donné
sur requeste contre ladite Cour des Aydes de Paris sans l'oüir, le 26. Iuin
1610. mentionné au veu dudit Arrest auec grande exaggeration ; lequel
à la verité subsistant pour lors sans contredit, obligeoit Messieurs du
Conseil de prononcer de mesmes : Mais à present qu'il se voit & iustifie
comme ledit Arrest du 26. Iuin 1610. ne peut subsister, est aisé de conclure que cet Arrest du 25. Octobre 1611. donné vn an aprés en consequence d'iceluy ; est pareillement destitué de tout fondement, & ne pouuoir subsister, non plus que l'autre ; qui luy seruoit de preiugé.

Est à considerer aussi la contrarieté & incompatibilité de plusieurs Arrests dudit Conseil, & de ladite Cour des Aydes de Mont-pellier, contre

cet vnique du 25. Octobre 1611. Il y en a trois du Conseil donnez dés le
28. Mars, 16. & 23. Iuillet 1557. Par lesquels il est dit, que les Officiers
de ladite Cour des Aydes de Mont-pellier precederont ceux de la Chambre des Comptes dudit lieu : lesquels Officiers des Comptes tous precedent lesdits Tresoriers Generaux dudit lieu, & tous autres sans contredit.
Il y a encores vn autre Arrest de ladite Cour des Aydes de Mont-pellier
du 16. Feurier 1606. qui porte par expres, que lesdits Tresoriers Generaux n'auront entrée en ladite Cour que pour les affaires de leurs charges, ny seance qu'apres les Conseillers d'icelle Cour seulement, conformément aux Ordonnances, Arrests, & obseruances des autres Cours
des Aydes du Royaume : Tous lesquels Arrests n'ayans esté cassez ny reuoquez, font que ce dernier du 25. Octobre 1611. estant contraire ne
peut subsister.

Ioint que tels reglemens du rang des Cours souueraines qui gisent en
grande connoissance de cause, & en Iurisdiction contentieuse deuroient
estre iugez au grand Conseil du Roy, qui n'est estably que pour iuger tels
& semblables differents par les formes ordinaires qui ne s'obseruent & ne
se peuuent suffisamment obseruer au Conseil priué du Roy, sinon que ce
fust par le Roy, present en son Conseil d'Estat, assisté des Princes & Officiers de la Couronne, apres auoir ouy les plaintes & raisons des parties,
& non au Conseil des Finances, où la pluspart des assistans (qui sont tousiours en petit nombre) seroyent recusables comme parents ou alliez
dans les degrez de l'Ordonnance, ou peut-estre autrement suspects à l'é-
gard desdits Tresoriers Generaux des Finances, qui sont au nombre de
deux cens.

Finalement se peut dire, qu'en tous cas, le reglement de ladite Cour
des Aydes de Mont-pellier ne pourroit estre tiré à consequence au preiudice de celle de Paris, pource que si lesdits Tresoriers Generaux y pretendent auiourd'huy, comme peut-estre à Roüen quelque preseance, ce ne
peut-estre qu'en consequence de ce qu'ils se sont trouuez les premiers
establis en ladite Prouince, mesmes d'auoir esté seuls Presidens en ladite
Cour, lors de son premier establissement ; laquelle raison doit cesser,
voire estre imputée contr'eux, pour la Cour des Aydes de Paris, establie
en l'an 1355. auparauant lesdits Generaux des Finances, qui ne sont que
de l'an 1373. comme il a esté monstré au 2. chapitre, & prés de cent ans
auparauant ladite Cour des Aydes de Mont-pellier, qui n'est que de l'an
1437. par l'Edict du restablissement de laquelle en ladite Ville de Mont-
pellier, qui est de 1467. est dit, Qu'en ladite Cour presideroient le Gou-
uerneur du pays de Languedoc ou son Lieutenant de Roy, & le General
sur le fait des Finances audit pays, toutes les fois qu'ils seroyent en ladite
Ville de Mont-pellier, & y voudroit assister aucun d'eux : laquelle puissance de presider fut depuis reglée par Arrest du Conseil du 24. Septem-

52

bre 1560. en forte que toutes les fonctions de prefider furent laiffées au Prefident de ladite Cour, & par confequent la prefeance defdits Generaux reculée : Et tout ainfi que lefdits Generaux pour s'eftre trouuez les premiers eftablis audit pays y ont voulu preceder les Confeillers de ladite Cour des Aydes du pays, iufques à les prefider, & que les Officiers de ladite Cour des Aydes y ayans auffi efté les premiers eftablis, ont precedé & precedent ceux de la Chambre des Comptes dudit pays, pour y auoir efté eftablis les derniers apres eux; ainfi tout de mefme à Paris la Chambre des Comptes precede la Cour des Aydes, fans autre raifon quelconque, finon pour y auoir efté la premiere eftablie : Auffi ladite Cour des Aydes de Paris, pour la mefme raifon, doit preceder lefdits Generaux des Finances, qui n'y ont efté eftablis que depuis ladite Cour, & n'y ont iamais prefidé comme ils ont fait en ladite Cour des Aydes de Mont-pellier : Et fur ce mefme pied par cefte vnique raifon fe trouue que par l'Edict de l'an 1551. par lequel ces anciens Generaux fuperieurs & celebres en France furent fupprimez & reünis auec les Treforiers de France, art. 21. eft dit que pour faire option de la Prouince ou Generalité en laquelle ils voudront refider, le Treforier feroit preferé au General, comme eftant le premier & plus ancien Officier creé [dit ladite Ordonnance] combien que le General pour lors fuft d'auantage eftimé, pour eftre Iuge en ce temps-là du corps d'vne Cour fouueraine, ayant vn bien plus grand maniement que le Treforier, qui n'eftoit que Iuge d'appel au Trefor à Paris : Laquelle feule confideration les rend d'ailleurs incompatibles d'eftre du corps de ladite Cour des Aydes fouueraine, ny de poüuoir preceder les Confeillers d'icelle qui font fouuerains, veu-qu'ils iugent tous les iours à la charge de l'appel, & que les fentences du Trefor font intitulées & conceuës fous leurs noms & qualitez autant auiourd'huy qu'elles font vnies, comme quand elles eftoient feparées.

Et à cet Arreft donné contre ladite Cour des Aydes de Mont-pellier, fe peut adjoufter celuy donné contre la Cour des Aydes de Roüen, auquel auffi non feulement les mefmes contredits y peuuent eftre confiderez, mais s'y en peut apporter vne infinité d'autres, & particulierement que ladite Cour eft eftablie long-temps depuis celle de Mont-pellier, & qu'en icelle lefdits Treforiers Generaux ont vne plus particuliere relation, intelligence & correfpondance, eftans d'vne mefme Prouince; ce qu'ils n'ont & ne peuuent auoir aucunement en la Cour des Aydes de Paris, n'y ayant aucun rapport ny proportion entre les vns & les autres : Ioint que led.t Arreft n'eft contradictoirement donné qu'auec les Efleuz de Roüen, qui faifoient la principale conteftation dudit Arreft, auquel n'eft parlé de ladite prefeance qu'incidemment & fans conteftation ny inftruction quelconque pour ce regard; au contraire eft dit par ledit Arreft qu'ils fe comporteront em femble comme il fe fait auec la Cour des Aydes à Paris:

ce

ce qui monftre bien que ladite preſeance a eſté iugée ſans connoiſſance
de cauſe , ſur vne preſuppoſition non veritable & mal entenduë , qu'on
en vſaſt ainſi en la Cour des Aydes à Paris , leur eſtant enjoint de s'y con-
former : En laquelle ſe pratiquant le contraire, il s'enſuit que ledit Arreſt
implique contrarieté en ſoy meſme.

Reſte le troiſiéme & dernier moyen ſur lequel leſdits Treſoriers Generaux des Finances ſe fondent pour ladite preſeance, qui eſt la poſſeſſion
qu'ils pretendent en auoir de tout temps & ancienneté ; dont on peut de-
meurer d'accord , mais pendant le temps ſeulement qu'ils n'ont eſté que
quatre Generaux ſeuls par toute la France qui eſtoient en corps Iuges
Ordinateurs & vniuerſels de toutes les Finances de France : Car depuis
que par Edict de 1551. leur corps eut eſté ſupprimé, & chacun d'eux rele-
gué , és dixſept Prouinces ou ils furent multipliez par creation nouuelle,
& obligez a vne rigoureuſe reſidence , à laquelle ils furent adſtraints par
ledit Edict & autres qui s'en ſont enſuiuis , deſlors furent priuez par Arreſt de ladite Cour du 22. Feu-ier 1552. bien expreſſement & iuſtement
de ladite preſeance : Contre la teneur duquel Arreſt ſi formel & exprez
pour cela , ce ſeroit impertinence d'alleguer ny pretendre ladite poſſeſſion , & que ladite Cour contre ſon Arreſt duquel il ne ſe trouue point
qu'ils ſe ſoyent iamais plaints ny formaliſez par Iuſſion ny autrement,
euſt voulu ſouffrir ladite poſſeſſion, qui ſeroit pluſtoſt entreprinſe & vſur-
pation , s'il s'en trouuoit quelque choſe de veritable.

Et de fait, en la preuue qu'ils ſe ſont efforcez de faire & rapporter par
le premier Arreſt du Conſeil du 26. Iuin 1610. cy deſſus examiné , de laquelle neanmoins ils ſe vantent & ſe veulent preualoir ſur ceſte pretenduë poſſeſſion , tous les extraicts inſerez au veu dudit Arreſt des entrées
& enterrements des Roys ou Roynes de France ſe terminent iuſques audit temps de 1551. & ne ſe trouue paſſer plus auant , & ce qui eſt produict
& mentionné au veu dudit Arreſt depuis ledit temps , ce ne ſont que des
roolles de l'argenterie & extraicts de la Chambre des Comptes , pour
monſtrer qu'ils ont eſté continuez & employez en la diſtributió du dueil
ou des liurées du Roy Charles IX. & autres ceremonies depuis enſui-
uies ; mais ce n'eſt qu'en qualité d'Officiers commenſaux , dont les priuileges leur ont eſté conſeruez , & non plus comme eſtant du corps de ladite Cour des Aydes , ainſi qu'ils en auoient eſté iuſques audit Edict de
1551. & Arreſt de 1552. qui les en ont excluds & priuez expreſſément &
entierement.

Bien eſt vray que depuis ledit temps de 1551. & 1552. la meſme poſſeſſion d'auparauant ſe trouuera auoir eſté continuée par aucun d'entr'eux,
en bien petit nombre & fort rarement , par trois diuers moyens , qui ſont
trois exceptions particulieres , qui confirment d'autant plus la regle de
l'Arreſt, par lequel ils ont eſté diſertement priuez de ladite preſeance.

54 La premiere exception eſt par ledit Arreſt du 22. Feurier 1552. poures quatre anciens Generaux qui lors eſtoyent receus, leſquels ſont conſeruez en leurs droicts & preſeances, leur vie durant ſeulement, & non leurs ſucceſſeurs eſdits Offices, comme il eſt dit par exprez audit Arreſt ; & ce ſont ces quatre-là ſeulement qui peuuent auoir continué ladite poſſeſ-ſion, à l'excluſion des autres noūueaux pourueus.

La ſeconde exception eſt, en l'Edict du mois d'Aouſt 1557. par lequel leſdits Generaux des Finances, ſont ſeparez d'auec les Treſoriers de France ; & par ce moyen iceux Generaux rentroient en leurs droicts d'e-ſtre plus aiſément reconnus en ladite Cour des Aydes, qu'ils n'auoient eſté depuis ledit Edict de 1551. par l'Arreſt de verification duquel de l'an 1552. ladite Cour n'auoit voulu ſouffrir, comme iamais elle ne le ſouffri-ra, que les Treſoriers de France, qui ſont & ont touſiours eſté, Iuges in-ferieurs ſujets à l'appel, ſoyent Iuges ſouuerains de leurs corps, ny qu'ils ayent la preſeance deuant eux, puis qu'il y a appel d'eux & de leur Iuriſ-diction du Treſor. En ceſte ſeule conſideration, tous les chefs des Preſi-diaux de France, qui ne veulent ceder ny quitter ladite preſeance auſdits Treſoriers Generaux, la cedent & quittent aux Officiers de ladite Cour des Aydes, comme eſtans Iuges ſouuerains, en rien ſujets à l'appel, & pour cela principalement. Et ne ſe trouua iamais qu'vn ſeul des Preſi-diaux l'ayt entrepris contre aucun de ladite Cour, comme ils l'entrepren-nent tous les iours, & par tour, & en ſont la pluſpart en paiſible poſſeſ-ſion contre leſdits Treſoriers Generaux, & en ont obtenu nombre d'Ar-reſts à Lyon, Amiens, Soiſſons & pluſieurs autres.

La troiſiéme exception eſt, en conſequence d'autre Edict du mois de Nouembre 1576. par lequel on crea de nouueau dixſept Generaux des Finances pour exercer alternatiuemét auec les dixſept autres qui auoient eſté ſeparez d'auec leſdits Treſoriers de France, par ledit Edict de 1557. Car la Cour ſe conſeruant touſiours en la poſſeſſion de ſon premier Ar-reſt du 22. Feurier 1552. aduint que Maiſtre Iean le Féure, l'vn deſdits Generaux, qui n'eſtoit & n'auoit iamais eſté Treſorier de France, & par conſequent Iuge d'appel, obtint vne Declaration du Roy particuliere en ſa faueur, pour eſtre conſerué en la poſſeſſion de General ſeul, non-obſtant ledit Edict de creation nouuelle d'vn ſecond General, laquelle declaration eſt du mois de Mars 1572. verifiée en la meſme Cour des Ay-dés le 27. de Mars enſuiuant : Et combien que ladite Declaration ſoit fon-dée ſur la grande recommandation & particuliere faueur dudit General „ le Féure, en ces mots, Conſiderant les grands ſeruices, & bon deuoir „ qu'il auoit rendus en ſa charge, & en pluſieurs vrgents & importans af-„ faires où il auoit eſté employé ; & combien il eſtoit digne & ſuffiſant „ pour bien deſeruir, non ſeulement icelle charge de General de nos Finan-„ ces en toute la charge d'outre Seyne & Yonne, comme il a tres-bien fait

à noftre tres-grand contentement & fatisfaction ; mais encores en vne „
plus grande & importante, à laquelle quand l'occafion fe prefentera nous „
auons bonne intention de l'appeller, & luy donner moyen d'employer la „
bonne affection qu'il a au bien de noftre feruice. Neanmoins il fallut que
ledit General le Féure pour obtenir ladite Declaration, & ioüir de l'ancienne poffeffion de General feul, fift fupprimer l'autre office de General
alternatif, dont auoit efté pourueu Maiftre Anthoine Bragelone, en
vertu dudit Edict de 1570. comme il eft porté par ladite Declaration : En
vertu de laquelle ledit General le Féure eft le dernier & l'vnique qui ayt
ioüy de ladite preseance en qualité de General feul, n'eftant & n'ayant
iamais efté Treforier, & par confequent Iuge inferieur fujet à l'appel &
reffortiffant au Parlement, non plus que les quatre anciens Generaux des
Finances : A l'exemple duquel partant mal à propos on fe veut fonder,
pour fouftenir lefdits Treforiers Generaux en leur pretenduë poffeffion
& preseance, fans fçauoir les caufes & la difference, prerogatiue & faueur fpeciale dudit General le Féure, qui lors n'auoit, & n'auroit peut-
eftre, encores auiourd'huy gueres de femblables ; luy qui eftoit feul &
vnique General des Finances, en la charge d'outre Seine & Yonne ; n'e-
ftoit & n'auoit iamais efté Treforier de France, Iuge inferieur fujet à l'appel ; ayant d'ailleurs vn fi grand & particulier témoignage du Roy, de
fon merite & capacité ; & qui d'abondant fut contraint encores, non
feulement d'auoir vne Declaration du Roy, pour luy feul en particulier,
& verifiée en ladite Cour : mais en outre de faire fupprimer fon compa-
gnon, & le rembourfer comme il fit.

Et pour monftrer que depuis ledit Edict de l'an 1551. ils n'ont plus efté
tenus ny reputez pour eftre du corps de ladite Cour, c'eft qu'il fe voit
par les regiftres, que quand il y en venoit quelqu'vn, on le cottoit efdits
regiftres hors de l'ordre & rang des Confeillers ordinaires de ladite
Cour, & eftoit marqué comme furuenant & extraordinaire, ainfi que
l'on fait des Maiftres des Requeftes, Maiftres des Comptes, ou autres
perfonnes extraordinaires qui y furuiennent, & par les Arrefts qui fe de-
liuroient, on faifoit mention qu'ils y auoient affifté, comme on feroit
encores auiourd'huy, fi aucun d'eux ou defdits fieurs Maiftres de Requeftes, ou des Comptes, ou autres officiers n'eftans du corps de ladite Cour
y affiftoient, ainfi qu'il fe voit en plufieurs Arrefts, mefmes en vn obtenu
par les Celeftins de Paris en l'an 1558. qui porte en ces mots, Veu par la
Cour, en laquelle eftoit Maiftre Raoult Hurault Cheualier, Confeiller
du Roy & General de fes Finances, les lettres patentes, &c. Et eft à noter qu'il n'eftoit Treforier & ne l'auoit efté, ains General feulement, en
vertu de l'Edict de 1557. qui les auoit defunis. Et s'eft trouué qu'aucuns
defdits Generaux des Finances, quand ils ont efté capables d'eftre interrogez fur la loy, n'ont fait difficulté de fe faire pouruoir & receuoir en

56

ladite Cour en la qualité de Conſeiller & General ordinaire en icelle, & y exercer leur office en leur rang de reception.

Et s'il eſtoit ainſi que leſdits Treſoriers Generaux des Finances vouluſ-ſent auiourd'huy pretendre ceſte poſſeſſion iuſtement reuoquée & par eux perduë comme il eſt dit, pourquoy les Treſoriers de l'Eſpargne qui ſont par deſſus eux, & les Treſoriers de l'ordinaire & de l'extraordinaire des guerres, qui ſont plus Generaux qu'eux par toute la France, & qui ont ſous eux des Treſoriers Prouinciaux, leſquels en effect ſont autant Generaux que leſdits Treſoriers Generaux des Finances, & ont chacun les vns comme les autres vne pareille eſtenduë de reſſort & de Prouinces ou Generalitez, ne pourroient-ils pas pretendre pareilles preſeances & prerogatiues? ce qu'ils n'ont iamais entreprins, & n'oſeroient le faire: Et dans les confirmations que les Roys font à leurs aduenemens à la Cou-ronne, des Officiers des Cours ſouueraines, il ne ſe trouuera point que iamais aucun deſdits Treſoriers Generaux ayt eſté nommé ny compris dans les roolles des Officiers qui ſont du corps de ladite Cour : Auſſi que depuis que leſdits Generaux des Finances ont eſté ſupprimez par l'Edict de 1551. & par iceluy vnis & incorporez auec les Treſoriers de France, ils ſont deuenus heteroclites, & quaſi comme neutres, engendrez & com-poſez de deux diuerſes eſpeces qui ne ſont plus de l'vne ny de l'autre.

Ils ſe cuident fonder encores ſur ce qu'ils diſent auoir obtenu pluſieurs patentes & commiſſions particulieres eſquelles ils ſe trouueront les pre-miers nommez auant aucuns Conſeillers de ladite Cour, ce qui peut-eſtre veritable, & auſſi facile à eux, qui ſont au nombre de deux cens, qui ont de grandes & proches parentez qui leur peuuent auoir donné credit de les obtenir auſſi facilement & plus que les Arreſts dont il a eſté parlé; mais il ne s'en trouuera non plus d'effect & d'execution deſdites commiſ-ſions que de leurs Arreſts : au contraire il ſe trouuera non ſeulement plu-ſieurs pareilles lettres patentes ou commiſſions, où leſdits Conſeillers de ladite Cour ſont les premiers nommez auant eux, mais qui ont eſté exe-cutées en effect auec eux-meſmes, bien honorez d'y aſſiſter les derniers: entr'autres à la reduction de Paris leſdits Treſoriers Generaux s'eſtans fait attribuer la connoiſſance en premiere inſtance des Aydes extraordi-naires, qui furent leuez ſur ladite ville auant que ladite Cour transferée à Tours euſt eſté de retour à Paris ; Peu apres le reſtabliſſement d'icelle Cour à Paris, auſſi toſt elle fit ſur ſa remonſtrance ordonner par Arreſt du Conſeil d'Eſtat du 22. Iuin 1594. ſigné du ſieur de Beaulieu Secretai-re des commandemens, que deux des Conſeillers de ladite Cour, qui ſe-royent par elle commis, & deux deſdits Treſoriers auec eux, pour ne les en depoſſeder du tout, vuideroient ſommairement les differends qui ſe trouueroient en la leuée deſdites Aydes en premiere inſtance, & par ap-pel en ladite Cour, & ſans tirer à conſequence en ce qu'il eſtoit queſtion

de

de Iurifdiction , & fut dit que lefdits Treforiers Generaux bien que feuls auparauant eftablis , neanmoins affifteroient feulement auec lefdits deux Confeillers de ladite Cour qui y font les premiers nommez , & en a efté ladite commiffion publiquement executée & imprimée ; joint qu'il ne fe trouuera point qu'ils ayent iamais efté nommez en aucunes commiffions de Chambres Royalles ny autres pour iuger en dernier reffort , mais en autres fujettes à l'appel , ou pour donner aduis & de pareille condition.

Quant aux affemblées publiques & particulieres , il ne s'en voit aucun d'eux qui vfent de ladite prefeance , ny quafi qui la pretendent & entreprennent , témoin l'Arreft du Confeil fufmentionné du 6. Auril 1610. obtenu par ledit fieur de Bragelone , pour y faire appeller ledit fieur Boüette Confeiller en ladite Cour , qui auoit fait decreter contre luy & fes adherans pour l'auoir entrepris , comme de fait y a fi peu d'apparence , eftans deuenus lefdits Treforiers Generaux auiourd'huy tellement defcheuz de leur ancien pouuoir & dignité , que n'eftans quafi plus Iuges de rien ou de fi peu de chofe , & toufiours fujets à l'appel , ils ne peuuent eftre reconneus qu'entre les Iuges ou Magiftrats inferieurs fujets à l'appel , & lefquels par confequent ne peuuent preceder leurs Iuges fuperieurs & fouuerains , dont il ne faut autre preuue que l'Arreft folennel donné contradictoirement auec eux au Confeil priué , le huictiéme Mars 1606. fur l'appel interjetté par Maiftre Iean du Gué Controlleur au Grenier à fel de Molins , de l'ordonnance de deux Treforiers Generaux audit Molins, par lequel Arreft apres que fur la Requefte defdits Treforiers Generaux intimez en leurs priuez noms ils eurent efté appointez en droit , & remonftré tout ce qu'ils pretendent auiourd'huy , fur les efcritures & productions des parties , le Roy ordonne que fans auoir égard à la requefte defdits Treforiers Generaux , & toutes les pretentions portées par icelle, ils feroient renuoyez en la Cour des Aydes , pour y proceder fur ledit appel ainfi que de raifon : Où par l'Arreft du 7. Iuillet enfuiuant audit an 1606. apres que leur Aduocat choifi par eux de telle capacité & qualité, qu'il eft auiourd'huy Confeiller en Parlement, euft plaidé publiquement pour eux , fut iugé par ladite Cour en pleine Audience , qu'il auoit efté mal , nullement & incompetemment iugé par eux , & iceux condamnez en tous les defpens , tant faits en ladite Cour qu'audit Confeil, qui auoiét efté referuez : C'eft chofe fi commune , publique & notoire , que n'eftans Iuges fouuerains , comme ils ne le font , ne le peuuent pas eftre , & ne le peuuent pretendre en rien ; faut qu'ils fe reconnoiffent inferieurs & fujets à l'appel , & par confequent qu'ils ne peuuent , ny doiuent marcher auant leurs Iuges fuperieurs & fouuerains , correcteurs de leurs actions & iugemens.

Ce n'eft pas qu'ils n'ayent beaucoup d'authorité & de dignité en leurs charges , pour proceder auec les Baillifs , Senéchaux , Efleuz , Grenetiers & tous autres Iuges subalternes & de ressort, en ce qui est des Finances seulement procedant du Domaine ou des Aydes : mais non assez pour preceder les Iuges des compagnées souueraines ausquels seuls nos Roys prestent leur nom & leur sceau, pour aduoüer & confirmer leurs Arrests & Iugemens, & comme à leurs Lieutenans representans leurs Majestez, en la distribution de la Iustice souueraine : Et leur doit suffire de se contenir & estre maintenus chacun en sa Prouince ou Generalité où ils ont esté reduits, pource qui est de l'administration des Finances seulement, sans pouuoir rien entreprendre en la Iustice distributiue, ny s'égaller auec les Iuges souuerains ; pource qu'ils ne se trouueront iamais compris entre les Magistrats souuerains par tous ceux qui en ont écrit : Mais comme les Escheuins sont en leurs villes dispensateurs des deniers communs, soyent patrimoniaux ou d'octroy, sous la puissance toutefois & correction des Iuges superieurs de leurs villes ; Ces Tresoriers Generaux sont aussi tout de mesmes & sans plus, dispensateurs des Finances & deniers du Roy, soyent domaniaux ou des Aydes, chacun en sa Prouince seulement, & pareillement sous la puissance & correction tant de Messieurs du Conseil, que de toutes les Cours souueraines, chacun en leur égard : N'estans en rien souuerains de tout ce qu'ils font ou ordonnent, mais tousiours sujets à la censure & à l'appel ; sans iamais pouuoir rien faire ny ordonner sous le nom du Roy, duquel ils ne tiennent en leurs actions ou iugemens ny le nom ny le seau, ny aucune autre marque de souueraineté.

CHAPITRE SIXIESME,

*Que comme ils sont inferieurs & subalternes à la Cour de Parle-
ment, qui connoist de leurs appellations en ce qui est du Tresor &
Domaine, ils sont pareillement inferieurs & subalternes à la
Cour des Aydes, qui connoist seule aussi de toutes leurs appellations, en ce qui est des Aydes, Tailles, Gabelles & Finances.*

Ls sont d'accord de n'estre souuerains, & de ne le pouuoir
estre : comme force leur est de le reconnoistre ainsi, n'ayans
esté creés par leur premier Edict de l'an 1551. qui les a formez
& establis en l'estat & condition où ils sont à present, qu'au
nombre d'vn seul par chacune Prouince ou Generalité, pour faire les
baux à fermes, & autres legeres fonctions qui leur sont attribuées auec
les Iuges des lieux, tous sujets à l'appel. *Distributiue* pource qui est du Domaine, auec les Baillifs & Senéchaux, ou leurs Lieutenans & Procureurs
du Roy : & pource qui est des Aydes & ce qui en dépend, auec les Esleus
& autres officiers inferieurs qui sont sous la Cour des Aydes.

Et sont demeurez en ce nombre vnique, incapable de souueraineté,
iusques à l'Edict de Nouembre 1570. [par l'espace de vingt ans] qu'ils
furent augmentez au nombre de deux seulement en chacune Prouince,
& pour exercer leurs charges alternatiuement, comme il est porté expres-
sément par ledit Edict : où se void comme ils ne sont reconneus que comme officiers de Finances, pour veiller & controller les receptes generales & particulieres en chacun bureau d'icelles, & non pour Iuges en ce
qu'ils sont creez alternatifs : Ce qui ne s'est iamais pratiqué pour des Iuges, mais pour des officiers de Finances seulement. Aussi ne leur est attribué aucun Greffier, mais seulement leur est permis d'auoir vn Clerc,
Encores leur est-il defendu par expres en ces mots, de ne prendre aucun
salaire ny proffit à luy & à son Clerc, sur peine de concussion. Et leur
plus grande attribution est de s'enquerir du deuoir des Receueurs generaux & particuliers, des Asseeurs des Tailles, des Sergents & Collecteurs
de deniers par les paroisses, non pour en iuger, mais pour en dresser procez verbaux : & sans qu'ils se puissent assembler deux ensemble, dit ledit
Edict, sinon à la fin de l'année, pour auec l'aduis des Esleuz pouruoir à la
décharge ou recharge de nos sujets, qui est à dire, se trouuer au departe-

ment des Tailles auec lefdits Efleuz leurs confreres en cét endroit, & plufieurs autres.

La premiere marque de Iuges qui leur ayt efté dònnée, eft par l'Edict de Iuillet 1577. où ils font augmentez au nombre de cinq, & leur eft permis auoir vn Greffier & deux Huiffiers. Mais cét aduantage ne leur dura pas vne année; car auparauant que cét Edict de 1577. fuft verifié, par autre Edict de Mars 1578. ils furent reduits & fupprimez, & ces nouueaux offices d'Huiffiers reuocquez: Et porte ce derrier Edict claufe fpeciale & confiderable, pour monftrer qu'ils ne furent iamais Iuges, & ne le peuuent eftre: Voicy les termes dudit Edict de 1578. Et ou il fe trouueroit cy apres qu'euffions par furprife, importunité, ou autrement fait expedier lettres amplificatiues du pouuoir, auctorité, connoiffance, & Iurifdiction defdits Treforiers Generaux, contraires, & au preiudice des prefentes; Auons dés a prefent comme deflors, & deflors comme dés à prefent, icelles reuoquées, caffées & annullées; reuoquons, caffons & annullons, comme fubreptices, & obtenuës contre nos vouloir & intention : Voulant qu'au lieu des efpices mentionnées audit Edict, lefdits Treforiers Generaux, & chacun d'eux, ayent & prennent par chacun an 40. efcus eftans fur les lieux : & ne leur fut iamais ledit Edict de 1577. verifié en la Cour des Aydes, [qui fut le 14. May 1578.] qu'aux charges expréffes portées par ledit Edict, ou Declaration du mois de Mars precedent audit an 1578. Et fut ladite fuppreffion bien plus rigoureufement encores confirmée deux ans apres aux Eftats de Blois article 242. en l'an 1580.

De dire qu'ils ont efté reftablis par l'Edict de Ianuier 1581. il eft vray: mais il eft bien honteux de dire, qu'ils furent auffi toft fupprimez par trois diuers Edicts confecutifs. Premierement par vne Declaration expreffe & particuliere du 25. Iuin 1582. fuiuie & confirmée d'vn Edict general & folennel du mois de Iuillet audit an 1582. qui les reduit comme aux Eftats de Blois 1580. à vn feul par chacune Prouince; comme ils eftoient à leur premier eftabliffement 1551. & y fuffiroient encores grandement auiourd'huy : & le troifiéme Edict, confirmatif de ladite fuppreffion, fut en la grande affemblée folennelle faite à faint Germain en Laye l'an 1583. au mois de Decembre, où ils furent reduits à deux feulement, & pour exercer alternatiuement : A quoy fe peut adioufter vn quatriéme Edict donné fur leur Requefte à leur poftulation & de leur confentement, qui eft du mois de Nouembre 1584. par lequel ils font reftablis à la verité iufques au nombre de fix : mais pour exercer alternatiuement au nombre de trois feulement, auec ces mots expres : Sans qu'ils puiffent prendre forme ny nom de Bureau, & à la charge de fuppreffion & reduction à vn feul fuiuant les Eftats de Blois. Tous ces Edicts monftrent bien que tant s'en faut qu'ils puiffent eftre fouuerains, que iamais ils n'ont

efté

esté capables d'estre seulement Iuges en aucune façon : n'ayans eu ny
Bureau, ny Greffier, ny Huissiers iusques-là.

Bien est vray que les troubles de la Ligue ayans commencé en l'an
1585. dés le mois de Ianuier ensuiuant 1586. fut fait vn Edict pour les re-
stablir, & multiplier iusques au nombre de neuf en chacune Prouince : &
pour en auoir plus promptement de l'argent, pource qu'il n'auoit esté
fait que pour cela, on leur restablit par mesme moyen leurs Bureaux,
Greffiers, Huissiers, iusques à la qualité d'vn President, comme il en
auoit esté fait quasi de mesmes par les Ellections peu auparauant; pource
qu'en ce temps calamiteux on cherchoit argent de tous costez : & furent
ainsi continuez tant que lesdits troubles & guerres durerent. Mais à la
premiere reformation, qui fut en l'assemblée de Roüen, ayant esté pro-
posé & resolu de les supprimer, par Edict du mois de Decembre 1598.
ils furent reduits suiuant les precedents Edicts; leurs Presidens, Bureaux,
Greffiers, Huissiers & tous autres droits d'espices, & marques de Iuges
reuoquez; mesme ordonné, que ceux qui restoient, ne seruiroient qu'alternatiuement, comme les autres Tresoriers, Receueurs, Controlleurs
& officiers comptables; & sont demeurez en cet estat de simples officiers
de Finances par l'espace de dix ans, iusques en l'an 1608. que par Edict
de Nouembre ils ont esté restablis; pour seruir à faire fonds a la Bastille
pour les guerres qu'on destinoit à Iulliers, & peut-estre plus auant és
Allemagnes, ou ailleurs.

Ce progrez monstre donc assez clairement que tant s'en faut qu'ils
puissent estre souuerains pour se parangonner auec ceux qui le sont, &
l'ont esté de tout temps incommutablement; qu'à grand peine ils sont
Iuges, & capables de rien iuger & ordonner par forme de iustice : n'ayans
eu de Bureaux, ny Greffiers, ny Huissiers qu'en temps de troubles & necessitez publiques, & dont ils ne se pouuoient preualoir il n'y a pas dix
ans; & par consequent sujets à l'appel en tout & par tout : ayans esté reduits par leur Edict de nouuel establissement de l'an 1551. & autres donnez en consequence d'iceluy a vn seulement, ou à deux au plus en chacune Prouince : & quand ils ont esté creez en plus grand nombre, ç'a esté
pour exercer leurs charges alternatiuement comme officiers de Finances : Et comme de tout temps ils ont reconnu Messieurs du Parlement
seuls pour Iuges de leurs appellations en ce qui est du Domaine : force
leur est pareillement de reconnoistre comme ils ont fait de tout temps
Messieurs de la Cour des Aydes pour seuls Iuges de leurs appellations, en
ce qui est des Aydes & tout ce qui en despend; qui sont les Tailles, Gabelles, Subsides, Octroys, Equiualents, Imposts, & toutes les Finances
qui en procedent : car puis qu'ils ne sont souuerains, & ne le peuuent
auoir esté en leur source & premier establissement, qui a esté long temps
d'vn seul, puis de deux seulement; & que quand ils ont esté en plus grand

nombre, ils ont esté reglez pour exercer alternatiuement, comme dit
est, se void qu'ils ne peuuent auoir aucune pretention de ne rien iuger, ny
ordonner en dernier ressort, que friuolement & impertinemment : &
par consequent & de necessité absoluë qu'ils doiuent estre sujets à l'appel
en tout & par tout : joint que par l'ordonnance de l'an 1552. obtenuë sur
leurs demandes & articles par eux presentez, ils s'y sont eux-mesmes
sousmis & de leur consentement par l'article 23. en ces mots, *Nonobstant
oppositions ou appellations quelconques, & sans preiudice d'icelles, & iusques à
ce qu'il ayt esté autrement ordonné & decidé par ceux de nos Iuges, ausquels la
connoissance en est attribuée par nos Ordonnances* : ce qui s'entend distributi-
uement au Parlement, pource qui est du Domaine : & à la Cour des Aydes pour ce qui est des Aydes, & ce qui en despend. Et tant s'en faut
qu'ils puissent pretendre, en la qualité restrainte & diminuée qu'ils ont
auiourd'huy, de iuger sans appel : qu'auparauant du temps qu'ils n'estoiét
que quatre, & auoient vne bien plus grande puissance & authorité superieure & vniuerselle par toute la France, ils estoyent sujets à l'appel :
comme il se void par l'article 66. de l'ordonnance de l'an 1493. verifiée
en Parlement le Roy y seant, qui est tres-exprez & entierement decisif,
en ces mots. Item voulons & ordonnons, que sur les offices ordinaires
de nos Domaines & Aydes, nos gens des Comptes, Tresoriers & Generaux de nos Finances chacun en son regard, ayent la premiere connoissance des fautes & abbus qu'ils pourroient commettre en leurs offices, afin de les punir comme ils verront bon estre : & s'il en estoit appellé à nostre Cour de Parlement, ou à la Chambre de nos Aydes, Voulons
que pendant la cause d'appel les iugemens & condemnations de nosdits
gens des Comptes & Tresoriers tiennent, iusques à ce qu'il en ayt esté
conueu & disputé.

   Estans donc, comme ils ont esté de tout temps sujets à l'appel, de vouloir pretendre, comme ils font depuis quelque temps seulement, que
leurs appellations doiuent estre releuées & traittées au Conseil du Roy,
c'est chose qu'ils n'oseroient entreprendre à l'égard de Messieurs du Parlement, en ce qui concerne le Domaine, & q'ils ne souffriroient aucunement : la mesme raison & consideration doit auoir lieu à l'égard de
Messieurs de la Cour des Aydes, en ce qui est des Aydes, & tout ce qui en
dépend : ayant esté ladite Cour des Aydes erigée souueraine en ce regard
& à l'instar du Parlement : ayant specialement attribution de iuger en
dernier ressort & par Arrest, à l'instar dudit Parlement, toutes les appellations qui seroient interjettées en matiere d'Aydes, subsides & Finances qui en prouiennent, de quelques Iuges que ce soyent qui en connoissent en premiere instance ; fussent Baillifs, Senéchaux, Iuges conserua-
teurs des priuileges Ecclesiastiques, Preuost de Paris, voire Messieurs des
Requestes du Palais quand ils entreprennent d'en connoistre, soit inci-

demment ou autrement, comme il se void par les Ordonnances du Roy
Iean 1355.1360. du Roy Charles V. du 5. Auril 1374. du Roy Charles
VI. du 25. Iuin 1382. celle de Vernon du 12. Mars 1388. & autre du
8. Mars 1396. de Charles VII. en l'assemblée des Estats tenus à Poictiers en Féurier 1435. sur le restablissement des Aydes, celle de Sarcy
du 19. Iuin 1445. & du Coudroy pres de Chinon du 3. Iuillet 1459. du
Roy Louys XI. du 19. Iuillet 1474. au Plessis les Tours,& du Roy Louys
XII. à Lyon du 24. Iuin 1500. confirmées par plusieurs autres plus recentes, & par vne infinité d'Arrests donnez en execution d'icelles. Ioint
que Messieurs du Conseil ne sont fondez à connoistre des appellations en
Iurisdiction ordinaire, ny en ressort : estant inaudit, comme il seroit
aussi fort estrange, de voir des reliefs d'appel, & des anticipations au
Conseil : les anciens Prothocolles de la Chancellerie, ny les nouueaux
n'en firent iamais aucune mention : il y auroit trop de choses à dire sur ce
sujet, si on le vouloit entreprendre : mais tant s'en faut, que Messieurs du
Conseil le veuillent soustenir ny pretendre, qu'au contraire, quand aucuns de ces Tresoriers des Finances ont voulu l'entreprendre, lesdits
sieurs du Conseil par Arrests contradictoires en grande connoissance de
cause, les en ont deboutez, comme il se voit plainement par l'Arrest
dont la teneur ensuit.

ENTRE Maistres Gilb. Rogues, Nicol. Pallierne &   de Champ-
feu, Tresoriers Generaux de France à Molins, demandeurs en requeste par eux presentée au Roy le 20. Iuillet 1605. & intimez d'vne part : &
Maistre Iean Dugué Controlleur au grenier à sel dudit Molins defendeur
& appellant d'vne ordonnance & sentence donnée par lesdits demandeurs le huictiéme Iuin audit an d'autre part : Veu par le Roy en son Conseil, ladite requeste tendant à ce que pour les causes y contenuës, il pleust
à sa Maiesté euoquer à son Conseil ledit appel, & faire defenses à la Cour
des Aydes d'en connoistre, Arrest du Conseil par lequel est ordonné
qu'auparauant faire droit sur icelle assignation sera donnée audit Dugué
en iceluy, pour respondre sur le contenu en ladite requeste, commission
sur ledit Arrest desdits iour & an ; ladite ordonnance desdits demandeurs
dont est appel, par laquelle ledit Dugué est condamné en soixante liures
d'amende enuers le Roy, au payement de laquelle il sera contraint comme pour deniers Royaux, & qu'il sera assigné par deuant lesdits Tresoriers pour respondre du fait de sa charge ; Exploit de signification de ladite ordonnance du 10. du mois de Iuin contenant la response dudit Dugué qu'il appelloit d'icelle, appointement en droit donné entre lesdites
parties le 7. Septembre 1605. Inuentaire de communication faite par
l'Aduocat dudit Dugué à celuy desdits Tresoriers de France, Escritures
& aduertissemens, productions desdites parties, Et tout ce que par elles
a esté mis & produit pardeuers le Commissaire à ce deputé, oüy son rap-

port; Le Roy en son Conseil, sans auoir égard à ladite requeste du 20.
Iuillet 1605. a renuoyé & renuoye lesdites parties en sa Cour des Aydes
à quinzaine, pour proceder sur ledit appel ainsi qu'elles verront bon
estre, despens reseruez. Fait au Conseil priué du Roy tenu à Paris le 8.
Mars 1606. Signé Boüer.

En execution duquel Arrest ils procederent volontairement, & subirent le iugement de ladite Cour sur l'appellation interjettée de leurs procedures & ordonnance, comme appert par l'Arrest qui ensuit.

E Ntre Maistre Iean du Gué Controlleur au grenier à sel de Molins en Bourbonnois appellant d'vne ordonnance faite & decernee contre luy le 8. Iuin 1605. par les Tresoriers Generaux de France en la generalité dudit Molins, & de ce qui s'est fait & ensuiuy en consequence d'icelle, d'vne part : & Maistre Gilbert Rogues & Nicolas Palierne Tresoriers Generaux de France audit lieu intimez d'autre ; ne pourront les qualitez preiudicier : Apres que Nauarrot pour l'appellant a conclud en ses appellations à mal & nullement iugé, ordonné & procedé, tortionnairement & iniurieusement executé au mespris de l'appel releué; à ce qu'en émendant, l'amende que l'appellant a esté contraint payer luy soit renduë & restituée, les intimez condamnez en telle reparation que la Cour verra bon estre, demande despens : Et que Roy pour les intimez a dit que l'audace & l'irreuerence commise de la part de l'appellant par plusieurs fois en la presence & au mespris des intimez en leur Bureau, ont donné sujet à la condamnation des soixante liures d'amende, dont est l'appel, soustient qu'ils sont fondez par l'Ordonnance de vanger & punir l'iniure qui leur est faite lors qu'ils sont assemblez en leur Bureau, & encores qu'ils peussent bien conclure à folement intimez, neanmoins concluent à bien iugé & demandent despens, ont esté ouys : Ensemble Dulis pour le Procureur General du Roy qui a dit, &c. La Cour a dit qu'il a esté mal, nullement & incompetamment iugé & ordonné, mal procedé & executé, bien appellé, en emendant a ordonné & ordonne que l'amende consignée & payée par l'appellant luy sera renduë & restituée par les mesmes voyes qu'il y a esté contraint, condamne les intimez és despens des causes d'appel & és despens reseruez par l'Arrest du Conseil. Fait à Paris en la Cour des Aydes le 7. Iuillet 1606.

Et pour monstrer que ce n'est qu'vne pretention nouuelle desdits Tresoriers, de ne vouloir reconnoistre la Cour des Aydes pour superieure, à iuger toutes les appellations qui sont interjettées d'eux, en ce qui est des Aydes & Finances & tout ce qui en despend ; qu'ils y auoient tousiours procede volontairement ; Il s'en pourroit representer vne infinité d'Arrests ; entre lesquels sera fait choix de deux seulement, l'vn ancien du temps que lesdits Generaux estoient en plus grand credit au nombre de deux seulement en chacune Generalité, ou se voit comme leurs ordonnances

nances & commiſſions au fait de Finances purement & ſimplement, ſont
infirmées par appel, & l'autre des plus recents, d'vn an ſeulement auant
ledit Arreſt des Treſoriers de France à Molins : où ſe void, que l'vn d'eux
& des plus creditez, ayant ſon pere lors viuant des plus anciens Maiſtres
des Requeſtes, & des premiers Conſeillers d'Eſtat de ſa qualité, qui n'euſt
pas laiſſé proceder ſon fils en ladite Cour, s'il n'euſt bien ſceu, (ſage &
prudent qu'il eſtoit) qu'elle eſtoit bien fondée de connoiſtre de tout
temps & par neceſſité de toutes ſortes d'appellations deſdits Treſoriers
Generaux en fait d'Aydes, de Gabelles & de Finances : enſuit la teneur
deſdits deux Arreſts.

E N T R E Iean Saubinet ayant le droit cedé de Germain Rolland adiu-
dicataire du grenier à ſel de Chaſtel en Portain, demandeur à l'enterinement d'vne requeſte portée par la commiſſion de ladite Cour d'vne
part : & les Preuoſt des Marchands, & Eſcheuins de ceſte ville de Paris,
defendeurs & adiournez ſur ladite requeſte d'autre part : & encores ledit
Saubinet demandeur en ſommation, requeſte formelle & garentie d'vne
part, & le Procureur general du Roy defendeur en ladite matiere d'autre
part : & encores ledit Procureur general appellant de certaine reception
à ſe deſiſter du bail à ferme & permiſſion de vendre ſel donnée, & decer-
née par le General de Champagne d'vne part, & ledit Saubinet intimé
d'autre : Veu par la Cour l'Arreſt d'icelle du 2. iour d'Auril 1570. contenant le plaidoyé des parties, par lequel ladite Cour auoit receu ledit Procureur general du Roy appellant de la commiſſion dudit General de la
charge de Champagne, execution d'icelle, & de tout ce qui s'en eſt en-
ſuiuy, l'auroit tenu pour bien releué, & appointé les parties au Conſeil,
tant ſur ledit appel, enterinement de lettres de conuerſion contenant la
requeſte dudit Saubinet qu'autres appellations; & neanmoins auroit ordonné que par prouiſion ledit Saubinet payeroit auſdits Preuoſt des Marchands & Eſcheuins de ceſte ville de Paris, la ſomme de cinq mil neuf
cens tente deux liures dix ſols tournois, ſuiuant ſon preſier bail, le nouueau bail fait audit Saubinet le 24. Nouembre, l'acte du 16. Auril 1565.
apres Paſques, par lequel le General de Champagne auroit receu ledit
Saubinet au deſiſtement dudit bail par prouiſion, attendant que par le
Roy en fuſt ordonné, dont ledit Procureur general du Roy ſe ſeroit porté pour appellant, enſemble des permiſſions données audit Saubinet par
ledit General de Champagne, de vendre ſel comme vn Marchand volon-
taire, & tout ce qui a eſté produit tant par ledit Saubinet, que par leſdits
Preuoſt des Marchands & Eſcheuins de ceſte ville de Paris, la Declaration faite par leſdits Preuoſt des Marchands & Eſcheuins, que pour toutes repliques & contredits contre la production dudit Saubinet ils em-
ployent leurs premieres eſcritures, & les plaidoyez du Procureur general
du Roy, les forcluſions de produire obtenuës contre ledit General de

R

Champagne , les contredits fournis par ledit Procureur general contre
la production dudit Saubinet , oüy ledit Procureur general pource mandé en ladite Cour , & le tout veu & consideré : La Cour entant que tou-
che l'appel dudit Procureur general du Roy , Dit qu'il a esté mal & nullement ordonné , permis & decerné par ledit General de Champagne,
bien appellé par ledit Procureur general , & en faisant droit sur le surplus
des conclusions desdites parties , sans auoir égard à la requeste dudit Saubinet , & sommation par luy faite contre ledit Procureur general ; A ordonné & ordonne que ledit Saubinet payera ausdits Preuost des Marchands & Escheuins de ceste ville de Paris le droit de Gabelle du grenier
à sel de Chastel en Portain à eux cedé & transporté par le Roy , selon & à
la raison de son bail , sur ce deduit ce qu'il monstrera auoir payé ausdits
Preuost des Marchands & Escheuins , sans despens & pour cause , & sauf
audit Saubinet de ce pouruoir pour la diminution & rabais de sondit bail
par luy pretendu , ainsi & contre qui il verra estre par raison : Prononcé le
4. Féurier 1574.

De tels & semblables Arrests donnez en ladite Cour des Aydes entre
les parties , sur les appellations interjettes desdits Tresoriers Generaux,
soit en fait de Finances , ou des Aydes , Tailles & Gabelles , esquels lesdits Tresoriers Generaux ne sont intimez en leurs priuez noms , il n'y a
semaine l'vne portant l'autre qu'il n'en soit donné quelqu'vn , soit en
l'Audience ou par rapport , en l'vne des Chambres de ladite Cour ; mais
les Arrests donnez contradictoirement auec eux pris à partie ou intimez
en leurs priuez noms n'y sont si frequents à la verité , non plus que des autres Iuges ; neanmoins il s'y en voit en tout temps , esquels ils procedent
volontairement comme en celuy qui s'ensuit.

ENtre Maistre Pierre Riuiere appellant d'vne sentence donnée par
Maistre Guillaume Courtin l'vn des Tresoriers Generaux de France
en la Generalité de Bourges le cinquiéme iour de Ianuier dernier passé
d'vne part ; & ledit Maistre Guillaume Courtin intimé en son nom d'autre : Apres que Yuert pour l'appellant a conclud en son appel , Destou-
ches pour ledit Courtin a follement intimé , ont esté ouys , lecture faite
de deux lettres missiues de l'intimé adressantes au nommé Iulliard , Maupeou pour le Procureur general du Roy a dit qu'il estime raisonnable sur
la pretenduë folle intimation mettre les parties hors de Cour & de procez , & faisant droit sur l'appel mettre l'appellation , & ce dont a esté appellé au neant , lesdites parties semblablement hors de Cour & de procez,
l'amende de quatre cens liures renduë & restituée , que l'intimé soit ouy
sur le contenu des lettres missiues dont a esté fait lecture , possible qu'il
contentera la Cour. Et pour le surplus concernant les informations faites à l'encontre de l'appellant , s'il plaist à la Cour conformément à l'Arrest , il subira l'interrogatoire , pour ce fait & à eux communiqué requerir

ce que de raifon : La Cour faifant droit tant fur l'appel que pretenduë folle
intimation, a mis & met l'appellation & ce dont a efté appellé au neant,
& les parties hors de Cour & de procez fans defpens, & pour le regard de
l'information ordonné que l'appellant fatisfera à l'Arreſt d'icelle du iour
d'hier, pour ce fait le tout communiqué au Procureur general du Roy,
ordonner ce que de raifon. Fait à Paris en ladite Cour des Aydes le 2.
Iuillet 1605.

Et d'autant que par ledit dernier Arreſt eſt fait mention de deux miffiues efcrites par ledit Treforier General Courtin à vn nommé Iulliard,
n'eſt hors de propos de reprefenter l'extraict fommaire de l'vne d'icelles,
où fe void qu'il eſtoit def ja fufcité par fes confreres de ne proceder à la
Cour des Aydes, aufquels [mieux confeillé] il refiſta, pource qu'auparauant on n'auoit iamais oüy parler de plaider ny iuger des appellations
defdits Treforiers au Confeil, comme le voulurent attenter, mais en vain,
ceux de Molins vn an apres par le fufdit Arreſt contre eux donné audit
Confeil le 8. Mars 1606. La premiere lettre donc dudit Treforier General Courtin efcrite audit Iulliard le 8. Féurier, & par luy reconneuë par-
deuant Monfieur de Creil l'vn des Confeillers de ladite Cour le 16. May
enfuiuant, dont eſt fait mention par ledit Arreſt, porte en ces mots.

Monfieur Iulliard i'ay receu la voſtre par laquelle (& ce qui fuit) &
plus bas, Ie fuis extremement fafché contre Monfieur Piel, de ce qu'il
fait difficulté d'vne chofe dont i'ay fait mon ordonnance, s'il ne vous
paye mandez le moy, afin que ie le faffe valoir & executer; en quoy fe
void qu'il eſtoit queſtion de Finances; & plus bas encore eſt efcrit, I'en
ay communiqué à mes amis, qui m'ont dit qu'il falloit mettre & laiffer le
tout en la Cour des Aydes, vous affeurant qu'en cela n'y en autre chofe
concernant ma charge, ie ne m'y endormiray. Il y a quelques autres articles efdites deux miffiues reconnuës qui meritoient bien d'eſtre releuez,
comme il fe void par les conclufions dudit fieur Maupeou Aduocat general du Roy, en quoy fe peut remarquer comme la Cour traitte fauorable-
ment lefdits Treforiers.

Et combien que les Treforiers de Molins par le fufdit Arreſt du Confeil du 7. Mars 1606. euffent efté debouttez auec defpens de leur folle en-
treprinfe de faire iuger audit Confeil, les appellations interjettées d'eux,
pour fecoüer le joug s'ils pouuoient de la fuperiorité que ladite Cour a
fur eux en cela, comme en toutes autres chofes, ils n'ont laiffé de fufciter
vn autre de leurs confreres Treforier d'Orleans d'en faire vne pareille en-
treprife de nouueau fur vn autre pretexte, qui eſt que de ce qu'ils iugeoiët
en execution des Arreſts du Confeil, les appellations n'en deuroient eſtre
iugées en ladite Cour, mais audit Confeil feulement, de laquelle nouuelle & folle pretention il fut encores deboutté par Arreſt dudit Confeil
contradictoire & fort folennel par la condemnation des defpens obtenus

par vn simple vilageois contre luy, tant ladite pretention fut trouuée impertinente ; ledit Arrest du Conseil merite d'estre icy representé comme les autres, afin que lesdits Tresoriers n'y reuiennent plus.

ENtre Maistre Nicolas Hanapier Tresorier General de France à Orleans, demandeur aux fins de l'Arrest du Conseil du 16. Féurier 1612. & exploit du 8. Mars ensuiuant d'vne part : & Pierre Panier Procureur Fiscal de la Seigneurie de Ligny, defendeur d'autre part : Veu par le Roy en son Conseil, l'Arrest dudit Conseil du 16. Féurier 1612. par lequel sur la requeste presentée par ledit demandeur à ce qu'il pleust au Roy casser l'Arrest de la Cour des Aydes du 16. Ianuier 1612. faire defenses audit Panier de s'en ayder, & à tous Huissiers de le mettre à execution, & que les parties se pouruoiront audit Conseil pour y estre reglées, a esté ordonné que l'execution dudit Arrest de la Cour des Aydes surseoira iusques à ce que le Procureur general en ladite Cour oüy, en ayt esté autrement ordonné par sa Majesté, l'Arrest de ladite Cour des Aydes dudit 16. Ianuier 1612. par lequel est dit qu'il a esté mal & nullement ordonné par l'intimé, bien appellé par l'appellant, & en emendant, & du consentement des habitans de Ligny, ordonné que ledit Panier appellant sera reduit & moderé à sa premiere taxe, le surplus des deniers par luy payez rendus & restituez, & ledit Hanapier intimé condamné és despens, exploit du 8. Mars 1612. d'assignation dônée audit Panier à comparoir audit Conseil, pour estre reglé suiuant ledit Arrest, & se voir condamner en tous les despens, dommages.& interests dudit demandeur, pour l'auoir fait appeller en ladite Cour des Aydes, sur ce qu'il auoit ordonné en executant vn Arrest du Conseil du 11. Septembre 1608. par lequel est ordonné aux Esleuz faisans leurs cheuauchées se faire representer les roolles des Tailles, & arrester la taxe de ceux qui auront vsurpé l'exemption, ou qui par faueur ou autrement n'auront esté imposez selon leurs moyens & facultez, & enjoint aux Tresoriers de France de veriffier en leur ressort, si les Esleuz auront obey audit reglement, & où ils ne l'auroient fait l'executer eux mesmes; Requeste presentée audit demandeur par les habitans de ladite Paroisse de Ligny, signée de quatre d'iceux habitans contenant la plainte faite de la taxe dudit defendeur, sur laquelle auroit esté ordonné le 14. Septembre 1609. qu'en faisant par le demandeur sa cheuauchée y seroit pouruen, procez verbal signé dudit demandeur en datte du 10. Nouembre 1609. contenant la taxe dudit defendeur à la somme de 14. liures de l'ordinaire de la Taille, & des autres à proportion, &c. Le Roy en son Conseil faisant droit sur ladite instance a leué la surseance portée par son Arrest dudit 16. Féurier 1612. de l'execution de l'Arrest de ladite Cour des Aydes du 16. Ianuier audit an, lequel en ce faisant sera executé selon sa forme & teneur, & a deschargé ledit Panier defendeur de l'assignation à luy donnée audit Conseil à la requeste dudit demandeur, qu'il a con-

damné

damné és defpens de l'inftance moderez à la fomme de foixante liures.
Fait au Confeil d'Eftat du Roy, tenu à Paris le 20. Féurier 1613. Signé
Mallier.

En fuit auffi l'extrait fommaire de l'Arreft de la Cour des Aydes confir-
mé par celuy du Confeil, auquel ledit Treforier de France intimé en fon
priué nom auoit procedé volontairement, & eft condamné aux defpens
en l'vn comme en l'autre defdits deux Arrefts.

Eɴᴛʀᴇ Pierre Panier demeurant en la Paroiffe de Ligny le Ribaut en
Soulongne, appellant de la furtaxe faite de fa perfonne és roolles des
Tailles de ladite Paroiffe en l'année 1610. ordonnance de M. Nicolas
Hanapier Treforier de France en la Generalité d'Orleans d'vne part : &
les Manans & habitans de la Paroiffe de Ligny le Ribaut, intimez d'autre
part : Et encores ledit Panier appellant de l'ordonnance dudit Maiftre
Nicolas Hanapier d'vne part : & ledit Hanapier intimé, & pris à partie en
fon priué nom d'autre part, &c. La Cour faifant droit fur l'appel, dit
qu'il a efté mal & nullement ordonné par l'intimé, bien appellé par l'appellant, en emendant & corrigeant, & du confentement des habitans
de Ligny le Ribaut, ordonné que l'appellant fera reduit & moderé à fa
premiere taxe, le furplus des deniers par luy payez rendus & reftituez,
condamne iceluy intimé és defpens. Fait à Paris en ladite Cour des Aydes
le 16. Ianuier 1612.

Eft à noter qu'entre ces Treforiers Generaux il y en a de plus fages &
qui participent moins à ces folles entreprifes, de vouloir ofter & diftraire
le reffort de leurs appellations hors de la Cour des Aydes, à laquelle la
connoiffance en appartient ; comme ceux de Paris, de Bordeaux, de
Prouence, & quelques autres, lefquels comme ils font des plus releuez,
& retiennent des meilleures marques de leur premiere origine & antiquité, fçauent mieux auffi s'en preualoir, s'y maintenir, & moins faire parler d'eux par de fi vaines & friuoles entreprifes que ces nouueaux venus,
aucuns de marchands & de clercs, autres de Grenetiers, d'Efleuz & de
Commis de partifants : Ceux mefmement de Paris, de Bordeaux, & autres, qui exercent quafi tous prefents & en corps leurs offices fort hono-
rablement, & auec beaucoup plus d'employ & de Iurifdiction qu'aucuns
autres, laiffent iuger toutes les appellations interjettées d'eux par la voye
ordinaire en la Cour des Aydes de Paris, ou en celle de Bordeaux, qui
eft incorporée au Parlement dudit lieu : On n'oüit iamais parler qu'ils
ayent attenté ny pretendu de les faire iuger au Confeil par des entreprifes
extraordinaires, comme font ces nouueaux venus, ny mefmes ceux de
Paris, qui font les plus proches & qui en auroient plus de commodité ; au
contraire, deferent grandement aux Arrefts de ladite Cour, & ne s'eft
iamais veu, qu'ils ayent attenté contre iceux, ny entrepris de fe pouruoir
au Confeil pour manquer de reconnoiftre ladite Cour en ce qui eft de fon

S

reſſort & ſuperiorité ; & s'y comportent plus ſages & mieux entendus,
comme ils font au Parlement, pour ce qui eſt du Domaine.

Il y en a d'autres auſſi, leſquels emportez du vent de l'ancienne auctorité de leurs offices , bien qu'elle ſoit eſteinte , & en effect ſupprimée par
l'Edict de 1551. preſument neanmoins eſtre , & deuoir eſtre en la Cour
des Aydes, ce que font Meſſieurs les Maiſtres des Requeſtes au Parlement, pour y preceder les Conſeillers , nonobſtant que les appellations
interjettées d'eux , ſoyent releuées & iugées audit Parlement : mais ils ne
conſiderent pas , que leſdits Sieurs Maiſtres des Requeſtes ſont & ont eſté
de tout temps du corps dudit Parlement, tant en l'ordre , nombre & habits de pareille parure , que principalement en capacité , y eſtans interrogez ſur la loy tous également les vns comme les autres : ces Treſoriers
Generaux n'ont rien de tout cela , & quand ils en auroient eu quelques
pretentions , il ne leur en peut rien reſter auiourd'huy, ayant eſté du tout
excluds & priuez de ce qu'ils en pourroient eſperer par deux diuerſes
Ordonnances , ſur ce tres-expreſſes cy-deuant deduites au chapitre 4.
l'vne de l'an 1549. par laquelle le corps des Iuges de ladite Cour eſt re-
ſtraint en vn nombre limité , auquel il n'y a que ceux qui ont eſtudié &
ſont capables de reſpondre ſur la loy qui y peuuent entrer : l'autre eſt de
1551. par laquelle leſdits Treſoriers ſont toüs diſperſez & reduits chacun
en ſa Prouince ou Generalité, hors le territoire de laquelle ils n'ont aucune adminiſtration ny pouuoir : témoin l'Arreſt de ladite Cour , qui fut
donné au meſme inſtant , en conſequence deſdites deux Ordonnances,
dont la teneur enſuit.

S V R la requeſte baillée à la Cour & lettres du Roy noſtre Sire à elle
preſentées par Maiſtre Gilbert Coëffier Treſorier General de Pied-
mont, Sauoye , & Marquiſat de Saluces , nouuellement creé par ledit
Seigneur , tendant afin d'eſtre receu audit eſtat & office de Treſorier General deſdits pays & receptes : Veu par la Cour ladite requeſte , leſdites
lettres non addreſſantes a icelle, les concluſions du Procureur general du
Roy , & tout conſideré : La Cour a ordonné & ordonne que rapportant
par ledit ſuppliant , lettres à elle addreſſantes ſera ce qu'il appartiendra;
& au ſurplus ordonne ladite Cour que chacun des Treſoriers Generaux
de nouuel creez par l'Edict de Ianuier dernier 1551. eſtans & ſeiournans
en la ville de Paris , entreront en ladite Cour aux heures accouſtumées,
pour faire remonſtrances & aduertir icelle Cour des choſes qu'ils verront
eſtre neceſſaires en traittant les affaires de leurs charges , & auront eſdites remonſtrances & affaires ſeulement , & non en autres choſes, voix &
opinion deliberatiue , ſeeront & ſeront aſſis iceux Treſoriers Generaux
nouuellement creez, apres les Generaux Conſeillers qui de preſent ſont
& ſeront à l'aduenir eſtablis pour le fait & exercice de la Iuſtice, ſans preiudice toutesfois des droicts , prerogatiues & preeminences des quatre

Generaux anciens, pourueuz de leurs offices auparauant l'Edict de la
Creation defdits Treforiers Generaux, lefquels quatre Generaux anciens
ioüyront de leurfdités prérogatiues & preéminences en la maniere ac-
couftumée, tant & fi longuement qu'ils exerceront leurs Eftats & offices.
Fait le neufiéme iour d'Auril 1551. auant Pafques, que l'on conteroit auiourd'huy 1552.

En confequence duquel Arreft s'en enfuiuit vn autre tout conforme de
ladite Cour, decerné tant fur ledit Edict de 1551. que fur l'autre obtenu
par lefdits Treforiers Generaux en interpretation & amplification d'iceluy l'année fuiuante 1552. duquel fecond Arreft en datte du 22. Féurier
1552. qui feroit comme l'on conte auiourd'huy 1553. la teneur a efté entierement reprefentée au chapitre precedent, fans que lefdits Treforiers
Generaux y ayent iamais contreuenu ny contredit par Iuffion ny autrement, finon depuis les derniers temps, que les calamitez des troubles &
des guerres ont introduit parmy eux toutes fortes de perfonnes meflées,
dont aucuns font fans fçauoir, fans refpect ny confideration, qui font
ceux qui communément font plus de bruit.

Fait en Octobre 1618.

14447
13534

offices